Schneller lesen

Zeit sparen, das Wesentliche erfassen, mehr behalten

Holger Backwinkel, Peter Sturtz

3. Auflage

Haufe

Bibliografische Information der deutschen Bibliothek
Die Deutsche Bibliothek verzeichnet diese Publikation in der Deutschen Nationalbibliografie; detaillierte bibliografische Daten sind im Internet über http://dnb.ddb.de abrufbar.

ISBN 3-448-06411-4
Bestell-Nr. 00660-0003

1. Auflage 2001 (ISBN 3-86027-399-X)
2., durchges. Auflage 2002 (ISBN 3-448-05198-5)
3., aktualisierte Auflage 2004

Niederlassung Planegg/München
Postanschrift: Postfach, 82142 Planegg
Hausanschrift: Fraunhoferstraße 5, 82152 Planegg
Fon (0 89) 8 95 17-0, Fax (0 89) 8 95 17-2 50
E-Mail: online@haufe.de
Internet: www.haufe.de
Lektorat: Gisela Fichtl, Dr. Ilonka Kunow
Redaktion: Sylvia Rein

Satz + Layout: S6-Media GmbH, 82166 Gräfelfing
Umschlagentwurf: Agentur Buttgereit & Heidenreich, 45721 Haltern am See
Umschlaggestaltung: Simone Kienle, par:two büro für visuelles, 70182 Stuttgart
Cartoons: BAASKE CARTOONS, 79379 Müllheim: Martin Guhl, Klaus Meint
Druck: freiburger graphische betriebe, 79108 Freiburg

Zur Herstellung der Bücher wird nur alterungsbeständiges Papier verwendet.

TaschenGuides – alles, was Sie wissen müssen

Für alle, die wenig Zeit haben und erfahren wollen, worauf es ankommt. Für Einsteiger und für Profis, die ihre Kenntnisse rasch auffrischen wollen.

Sie sparen Zeit und können das Wissen effizient umsetzen:

Kompetente Autoren erklären jedes Thema aktuell, leicht verständlich und praxisnah.

In der Gliederung finden Sie die wichtigsten Fragen und Probleme aus der Praxis.

Das übersichtliche Layout ermöglicht es Ihnen sich rasch zu orientieren.

Anleitungen „Schritt für Schritt", Checklisten und hilfreiche Tipps bieten Ihnen das nötige Werkzeug für Ihre Arbeit.

Als Schnelleinstieg die geeignete Arbeitsbasis für Gruppen in Organisationen und Betrieben.

Ihre Meinung interessiert uns! Mailen Sie einfach unter online@haufe.de an die TaschenGuide-Redaktion. Wir freuen uns auf Ihre Anregungen.

Inhalt

Vorwort

Täglich landen Unmengen schriftlicher Informationen auf unseren Schreibtischen: Zeitschriften, Briefe, Bücher, Fachartikel, Prospekte, Protokolle, Berichte, E-Mails und Memos. Dazu kommen noch die Webseiten im Internet, die für unsere Arbeit relevant sind. Informationsdefizite können wir uns nicht leisten. Wir müssen auf dem aktuellen Wissensstand bleiben, denn in der Informationsgesellschaft gilt mehr denn je das Motto: Wissen ist Macht! Doch wie können wir diese Flut überhaupt noch bewältigen?

Es gibt nur eine Lösung: Wir müssen effizienter und schneller lesen. Dieser *TaschenGuide* vermittelt Ihnen Strategien, mit denen Sie Ihre Lesetechnik optimieren können. Mit Hilfe des Trainingsprogramms können Sie Ihre Lesegeschwindigkeit um mindestens 70 % steigern. Und da Sie täglich lesen, trainieren Sie diese Techniken regelmäßig. Optimale Voraussetzungen für den Erfolg.

Erhöhtes Lesetempo bedeutet Zeitgewinn – Sie können mehr Informationen in kürzerer Zeit aufnehmen. So haben Sie einen enormen Wissensvorsprung – und gleichzeitig mehr Zeit für andere Aktivitäten!

Wir wünschen Ihnen ein erfolgreiches Training mit diesem *TaschenGuide*.

Holger Backwinkel, Peter Sturtz

So bewältigen Sie die Informationsflut

Unser Gehirn kann zahlreiche Informationen in kürzester Zeit aufnehmen. Diese Fähigkeit lässt sich mit einfachen Übungen trainieren. Außerdem erfahren Sie, wann es überhaupt sinnvoll ist, schneller zu lesen, und wie Sie es lernen können.

Keine Zeit mehr zum Lesen?

Steht bei Ihnen auch noch das eine oder andere Buch im Regal, das Sie schon seit Monaten lesen möchten? Stapeln sich interessante Zeitschriften, die Sie dann irgendwann ungelesen in den Papiercontainer werfen? Prasselt auch auf Sie täglich eine Flut von schriftlichen Informationen in Form von Briefen, E-Mails, Berichten, Protokollen oder Internetseiten ein? Würden Sie gerne mehr lesen, um immer auf dem aktuellen Stand zu sein? Ihnen fehlt aber einfach die Zeit dazu?

Lesegeschwindigkeit und Merkfähigkeit erhöhen

In den letzten sechs Jahren haben über 1.100 Schüler, Studenten, Mitarbeiter, Führungskräfte, Sekretärinnen, Manager und Verkäufer an unserem Seminar „Schneller lesen – mehr behalten" teilgenommen. Sie alle konnten die Flut der schriftlichen Informationen nicht mehr in einem angemessenen Zeitraum bewältigen. Die Konsequenz: Wichtige Informationen blieben ungelesen liegen.

Durchschnittlich investierten die Teilnehmer vor dem Training zwei bis vier Stunden pro Tag, um das Wichtigste aus Briefen, Zeitschriften, Büchern und E-Mails herauszuarbeiten. Viele Führungskräfte und Studenten lasen bis zu sieben Stunden am Tag.

Durch das Training konnten alle ihre Lesegeschwindigkeit um mindestens 70 % steigern. Der Rekord lag bei über 400 %. Am

Ende des Trainings las jeder Teilnehmer ein komplettes Buch mit 126 Seiten in nur 30 Minuten. Aber nicht nur das: Gleichzeitig zur Lesegeschwindigkeit wurde auch die Merkfähigkeit deutlich gesteigert. Gezielte Fragen zu den Inhalten der Texte belegten dies.

Effektiver Zeitgewinn durch schnelleres Lesen

Wenn Sie zwei Stunden pro Tag lesen und Ihre Lesegeschwindigkeit verdoppeln, hätten Sie in Zukunft täglich eine Stunde mehr Zeit für andere wichtige Dinge.

Mit Hilfe des vorliegenden Trainingsprogramms lernen Sie, Ihre Lesegeschwindigkeit zu steigern und die Leseeffektivität deutlich zu erhöhen. So können Sie endlich die Informationen lesen, die sich seit Wochen auf Ihrem Schreibtisch stapeln. Die folgende Aufstellung zeigt, was Sie durch dieses Trainingsprogramm konkret erreichen können.

Einmal angenommen, Sie lesen pro Tag eine Stunde:

Steigerung um	Zeitersparnis pro Monat
25 %	6 Stunden
50 %	10 Stunden
75 %	13 Stunden
100 %	15 Stunden

Wenn Sie mehr lesen, ist der Zeitgewinn entsprechend höher. Sie sehen: Es lohnt sich, dieses Trainingsprogramm intensiv durchzuarbeiten.

Schneller lesen – aber wie?

Es gibt verschiedene Methoden, mit denen Sie schnelleres Lesen lernen können. Entsprechend vielfältig und kontrovers sind die Lehrmeinungen. Wo die Experten streiten, zählt letztlich nur der Erfolg.

Wichtig ist, zwischen den verschiedenen Arten von Texten, die wir täglich lesen müssen, zu unterscheiden. Es ist eben ein Unterschied, ob ich einen Geschäftsbericht lese oder ob ich mich am Feierabend in einen spannenden Abenteuerroman versenke. Die Lesetechniken sollten den jeweiligen Textsorten also angepasst sein. Uns sind beim Lesetraining folgende Faktoren wichtig:

1. Jeder soll die Technik schnell lernen können.
2. Der Erfolg muss durch Lesetests überprüfbar sein.
3. Die Methode soll Leser nicht für das langsame, genussvolle Lesen „verderben" – Sie sollen also jederzeit frei entscheiden können, ob Sie schnell oder langsam lesen.

Es spricht übrigens nichts dagegen, auch andere Techniken auszuprobieren. Hauptsache, die Lesegeschwindigkeit steigt.

Trainieren Sie in aller Ruhe

Wenn Sie diesen TaschenGuide intensiv lesen und das Trainingsprogramm konsequent und vollständig ausführen, können Sie Ihre Lesegeschwindigkeit um mehr als das Doppelte steigern.

Setzen Sie sich nicht unter Druck. Lassen Sie sich Zeit; Sie haben schließlich Jahrzehnte gebraucht, um sich nicht effiziente Lesetechniken anzugewöhnen. Vermeiden Sie Hektik – das geht nur auf Kosten Ihrer Merkfähigkeit und erhöht Ihren Stress. Gehen Sie das Trainingsprogramm mit Ruhe an und vertrauen Sie dem Lerneffekt durch die Übungen.

Schneller lesen und mehr behalten

Die Steigerung der Lesegeschwindigkeit allein ist freilich nicht entscheidend. Was nutzt es Ihnen, wenn Sie sehr schnell lesen, den Inhalt jedoch nicht behalten? Das Wissen muss nach dem Lesen verfügbar sein, um es aktiv nutzen zu können. Effektives Lesen bedeutet daher, Lesegeschwindigkeit, Textverständnis und Merkfähigkeit in ein angemessenes Verhältnis zu bringen.

In unseren Seminaren zeigt sich immer wieder, dass das Textverständnis und die Merkfähigkeit bei den Teilnehmern zwischen 40 % und 90 % liegt. Dieser Wert gilt für einmaliges Lesen, und zwar auch bei einer extrem niedrigen Lesegeschwindigkeit.

Wir gehen davon aus, dass eine Merkfähigkeit von etwa 80 % ein akzeptabler Wert ist. Wer 100 % will, muss den Text mehrfach lesen! Auch wenn Sie ein Gedicht auswendig lernen wollen, müssen Sie es mehrfach wiederholen und üben.

▪ *Wenn Sie einen Text in zehn Minuten zweimal sehr schnell lesen, haben Sie ein höheres Textverständnis und eine bessere Merkfähigkeit, als wenn Sie den gleichen Text einmal in zehn Minuten langsam lesen würden. Die Methode, schneller zu lesen ist also eindeutig die effizientere.* ▪

Das Ziel des Trainingsprogramms

Mit Hilfe dieses Trainingsprogramms lernen Sie möglichst schnell zu lesen und gleichzeitig 80 % der gelesenen Information zu behalten. Die Lesegeschwindigkeit, mit der das möglich ist, hängt auch vom Schwierigkeitsgrad des Textes ab. Wenn Sie über das Thema des Textes schon einiges wissen, fällt es Ihnen leichter, den Text zu verstehen. Unter Umständen müssen Sie ihn sogar nur überfliegen.

Daher werden Sie verschiedene Techniken für unterschiedliche Texte und individuelle Leseziele lernen und trainieren.

Wie lange dauert das Trainingsprogramm?

Den TaschenGuide können Sie theoretisch in etwa zwei bis drei Stunden durcharbeiten. Wir empfehlen Ihnen allerdings sich mehr Zeit zu lassen. Dies gilt vor allem für die Übungen im dritten Teil des Buches.

Außerdem werden Sie schnell merken, dass effektives Lesen eine hohe Konzentration erfordert. Legen Sie das Buch daher immer dann zur Seite, wenn Sie müde werden oder nicht mehr bei der Sache sind. Machen Sie erst dann weiter, wenn Sie Ruhe, Muse und Lust dazu haben. Viele Übungen sollten Sie mehrfach ausführen. Der Vorteil: ein höherer Trainingseffekt.

Für wen ist dieses Buch geeignet?

Schneller lesen und mehr behalten – das ist für alle wichtig, die viele schriftliche Informationen verarbeiten müssen. Im

Beruf, in der Schule oder im Studium. Unsere Seminarteilnehmer kommen daher aus den unterschiedlichsten Bereichen: Schüler und Studenten, Selbstständige und Freiberufler, Sekretärinnen, Projektleiter, Führungskräfte und Manager.

Sie alle haben dasselbe Problem: zu wenig Zeit, um alle wichtigen schriftlichen Informationen zu verarbeiten. Die Lesesituationen sind dabei recht unterschiedlich:

- Vorbereitung auf eine Prüfung oder ein Examen
- Postbearbeitung
- Lesen von Berichten, Protokollen oder Aktennotizen
- Weiterbildung anhand von Fachzeitschriften oder Büchern
- Analyse von Projektberichten
- Lesen von E-Mails
- Informationssuche im Internet

In diesem TaschenGuide lernen Sie konkrete Techniken kennen, mit denen Sie Ihre Lesetechnik optimieren können. Teilen Sie uns Ihre Erfahrungen mit über unsere Internetseite: www.schneller-lesen.com. Sie können uns auch schreiben:

Holger Backwinkel
Claudiusstraße 6
59174 Kamen
Fax: (0 23 07) 55 34 21

Peter Sturtz
Nevigeser Straße 364
42109 Wuppertal
Fax: (02 02) 7 24 00 33

Die Autoren bieten auch Seminare an (siehe Seite 127).

Wie Sie mit diesem Buch arbeiten

Das Trainingsprogramm besteht aus drei Teilen:

1. Analyse Ihrer Lesetechnik
2. Optimierung Ihrer Lesetechnik
3. Verbesserung der Rahmenbedingungen

Alle Techniken können Sie direkt umsetzen und trainieren. Lesetests helfen Ihnen, den Lernfortschritt zu überprüfen. Wenn Sie nicht zufrieden sind, können Sie einzelne Übungsschritte wiederholen. Das erhöht den Lerneffekt und bringt deutlich bessere Ergebnisse.

Bitte halten Sie sich genau an die Anweisungen und die Reihenfolge der Übungen. Nur so erzielen Sie den größtmöglichen Nutzen und steigern Ihre Lesegeschwindigkeit optimal.

Ermitteln Sie Ihre Lesegeschwindigkeit

Lesegeschwindigkeit und Merkfähigkeit sind von Person zu Person verschieden. Prüfen Sie zunächst, wo Sie stehen. Nur so können Sie später Ihren Erfolg auch messen.

Wie schnell lesen Sie – wie viel behalten Sie?

Bevor Sie mit dem Trainingsprogramm beginnen, sollten Sie wissen, wo Sie aktuell stehen. Nur so können Sie später den Erfolg Ihrer Arbeit messen.

Was Sie für den Test brauchen

Sie benötigen nur drei Dinge:

1 zehn Minuten Zeit,

2 Rahmenbedingungen wie an Ihrem Arbeitsplatz,

3 eine Stoppuhr oder eine Uhr mit Sekundenzeiger.

Bitte beachten Sie die Hinweise zu dieser Übung. Nur so erhalten Sie ein realistisches Ergebnis.

So wird's gemacht!

Auf der nächsten Seite folgt ein Übungstext, den Sie bitte erst nach diesen Anweisungen lesen. Lesen Sie in Ihrer gewohnten Lesegeschwindigkeit. Stoppen Sie die Zeit, die Sie zum Lesen brauchen. Notieren Sie die benötigte Zeit in Sekunden. Beantworten Sie unmittelbar danach die Fragen zum Inhalt des Textes. Damit testen Sie gleichzeitig Ihr Textverständnis und Ihre Merkfähigkeit.

Das Trainingsprogramm hat zwei Ziele:

1 Ihre Lesegeschwindigkeit zu steigern,
2 Ihre Merkfähigkeit zu erhöhen, damit Sie beim Lesen möglichst viele Informationen behalten. Denn es macht keinen Sinn, die Lesegeschwindigkeit auf Kosten der Merkfähigkeit zu steigern.

Wichtige Hinweise

- Bitte lesen Sie den Text nur einmal!
- Messen Sie die benötigte Zeit möglichst exakt in Sekunden!
- Gehen Sie *nicht* zum Text zurück, wenn Sie die Fragen beantworten! Nur so erhalten Sie ein realistisches Ergebnis.
- Starten Sie jetzt Ihre Stoppuhr und lesen Sie den Text zum Thema *Selbstmanagement*.

Der 1. Lesetest

Die vier Phasen des Prozesses

1 Die Euphoriephase

Bei der Einführung eines neuen Hilfsmittels treten wir zunächst in eine kurze euphorische Phase. Das Gleiche gilt selbstverständlich auch für eine neue Methode, einen neuen Ablauf, einen Neuzugang unter den Mitarbeitern oder neue Technologien.

Diese erste Phase, die Euphoriephase, ist vor allem durch die Hoffnung gekennzeichnet, dass jetzt alles anders wird, einfacher wird etc. Die Beteiligten freuen sich in der Regel, dass es eine Veränderung gibt. Sie sehen, dass dieses neue Hilfsmittel vielleicht bestehende Probleme besser lösen wird.

2 Die Desillusionierungsphase

An die Euphoriesierungsphase schließt sich die Desillusionierungsphase an. Dort wird klar, dass das neue Wissen, das neue Instrument doch nicht so einfach eingesetzt werden kann. Es wird gleichzeitig klar, dass in der Vergangenheit bestimmte Fehler gemacht wurden. Es wird deutlich, dass das neue Instrument noch nicht beherrscht wird und alles doch nicht so einfach geht, wie es anfangs schien.

Gleichzeitig erfolgt ein dauerndes Hinterfragen des Bisherigen. Das führt dazu, dass auch bereits bekannte Aufgaben schlechter oder mit mehr Widerstand ausgeführt werden. In der Desillusionierungsphase werden mehr Fehler gemacht, es wird viel hinterfragt und die Zusammenhänge erscheinen weniger klar.

Kritisch ist hier, dass Übervorsichtige und negativ denkende Menschen (Negaholics) in der Desillusionierungsphase abbrechen wollen: Sie verlieren den Mut das Neue anzupacken, sie zweifeln daran, dass sie das alles schaffen. Es kommen Aussagen wie: „Sehen Sie, ich sagte es ja schon vorher. Immer wieder was Neues, man kommt ja gar nicht zum Arbeiten. Früher war das alles einfacher und ich weiß nicht, warum man alles so kompliziert machen muss.“

3 Die Lernphase

Es folgt die Lernphase, in der wieder mehr Zuversicht herrscht – die Zuversichtsphase. Dort wird mit Hilfe klarer Führung deutlich, dass eine Chance besteht, das neue Hilfsmittel zu beherrschen. Den Beteiligten wird klar, dass das Können noch nicht da ist, dass es jedoch möglich ist, schrittweise und unter Anleitung dieses Wissen und diese Instrumentarien anzuwenden. Die Instrumente werden angewendet und ausprobiert. Gleichzeitig ist sich der Betroffene bewusst, dass er die Instrumentarien selber noch nicht beherrscht. Er ist selber noch unsicher, in welchen Situationen er sie anwenden kann. Das heißt, die Anwendung ist hier beschränkt auf einfache und klare Situationen. Der Lernende weiß, dass er hier noch nicht alles genau überblicken kann.

4 Die Leistungsphase

Die letzte Phase ist die Leistungsphase. In der Leistungsphase wird das neue Wissen konkret umgesetzt und gleichzeitig macht es dem Beteiligten wieder Spaß, das heißt, er fühlt sich sicherer. Er sieht, in welchen verschiedenen Bereichen er das Instrument anwenden kann. Er weiß, dass er jetzt also wirklich etwas gelernt hat, was umsetzbar und praktikabel ist. Jetzt ist wieder Platz eine neue Aufgabe anzugehen.

Quelle: TaschenGuide Selbstmanagement

Stoppen Sie jetzt die benötigte Lesezeit. Notieren Sie hier Ihre Lesezeit in Sekunden: 2:44 ! Beantworten Sie dann die folgenden Fragen, ohne dabei zum Text zurückzublättern!

Was haben Sie sich gemerkt?

Frage 1

In welcher Reihenfolge treten die beschriebenen Phasen auf? Bitte bringen Sie die vier Phasen in die richtige Reihenfolge! Schreiben Sie die Ziffern 1–4 vor die jeweilige Phase:

3 die Lernphase
1 die Euphoriephase
4 die Leistungsphase
2 die Desillusionierungsphase

Frage 2

Wodurch ist die Euphoriephase gekennzeichnet?

- [x] Hoffnung, dass jetzt alles anders wird.
- [ ] Wissen, dass alles gut läuft, so wie es ist.
- [ ] Freude über die gleich bleibende Arbeitssituation.

Frage 3

Wie werden die Menschen genannt, die zum negativen Denken neigen? Pessemist

Frage 4

In welcher Phase werden die Instrumente ausprobiert?

- [x] Leistungsphase
- [ ] Lernphase
- [ ] Desillusionierungsphase
- [ ] Euphoriephase

Frage 5

In welchen beiden Phasen macht es den Beteiligten Spaß?

- [x] Leistungsphase
- [ ] Lernphase
- [ ] Desillusionierungsphase
- [x] Euphoriephase

Frage 6

Aus welchem TaschenGuide stammt der Text?

- [x] Projektmanagement
- [ ] Manipulationstechniken
- [ ] Selbstmanagement
- [ ] Marketing

Die richtigen Antworten zum 1. Lesetest

Vergleichen Sie jetzt die richtigen Antworten mit Ihrer Entscheidung. Notieren Sie bitte in der Spalte rechts für jede richtige Antwort einen Punkt!

	Punkte
Frage 1	
3 die Lernphase	1
1 die Euphoriephase	1
4 die Leistungsphase	1
2 die Desillusionierungsphase	1
Frage 2	
✓ Hoffnung, dass jetzt alles anders wird.	1
Frage 3	
Negaholics	–
Frage 4	
✓ Lernphase	–
Frage 5	
✓ Leistungsphase	1
✓ Euphoriephase	1
Frage 6	
✓ Selbstmanagement	–
Gesamtpunktzahl (maximal zehn Punkte)	7

Wie viele Punkte haben Sie erreicht?

- ❒ 1 entspricht 10 %
- ❒ 2 entspricht 20 %
- ❒ 3 entspricht 30 %
- ❒ 4 entspricht 40 %
- ❒ 5 entspricht 50 %
- ❒ 6 entspricht 60 %
- ❒ 7 entspricht 70 %
- ❒ 8 entspricht 80 %
- ❒ 9 entspricht 90 %
- ❒ 10 entspricht 100 %

So ermitteln Sie Ihre Lesegeschwindigkeit

Die Lesegeschwindigkeit wird in Wörtern pro Minute gemessen. Und so geht es:

1. Notieren Sie die Zeit, die Sie für das Lesen des Textes benötigt haben in Sekunden.
2. Teilen Sie die Anzahl der Wörter des Textes durch die Sekunden.
3. Multiplizieren Sie das Ergebnis mit 60.

Der erste Übungstext besteht aus 435 Wörtern. Tragen Sie Ihr Ergebnis in die folgende Formel ein und berechnen Sie Ihre Lesegeschwindigkeit.

Formel:

435 Wörter : 164 Sekunden = 435 Wörter / Sekunde
2,65 Wörter / Sekunde × 60 Sekunden = 159 Wörter / Minute
Ihr Ergebnis: 159 Wörter pro Minute (WpM)

Beispiel
Der Text *Die vier Phasen des Prozesses* besteht aus 435 Wörtern.
Sie benötigen 146 Sekunden, um den Text zu lesen.
435 Wörter : 146 Sekunden = 2,98 Wörter / Sekunde.
2,98 × 60 Sekunden = 179 Wörter / Minute
Das Ergebnis: Die Lesegeschwindigkeit liegt also bei 179 Wörtern in der Minute.

Notieren Sie sich das Ergebnis. Der Wert Ihrer anfänglichen Lesegeschwindigkeit ist der Ausgangspunkt des gesamten

Trainingsprogramms. So können Sie am Ende des Buches Ihre persönliche Lernbilanz aufstellen und die Steigerung Ihrer Lesegeschwindigkeit ermitteln.

Wie ist Ihr Ergebnis zu bewerten?

Mit Hilfe der folgenden Liste können Sie Ihr Ergebnis einordnen:

- Liegt Ihre Lesegeschwindigkeit unter 100 WpM? Dann gehören Sie zu den ganz besonders langsamen Lesern.
- Mit 100 bis 150 WpM lesen Sie langsam.
- Mit 150 bis 200 WpM gehören Sie zu den „normalen" Lesern mit einer durchschnittlichen Lesegeschwindigkeit.
- Liegt Ihr Wert über 200 WpM? Dann zählen Sie schon jetzt zu den schnellen Lesern.
- Liegt Ihr Wert über 250 WpM? Dann wenden Sie entweder unbewusst die richtigen Lesetechniken an oder Sie lesen von Natur aus extrem schnell.

■ *Das Steigerungspotenzial ist völlig unabhängig von Ihrem Ergebnis. Auch mit einem Ergebnis von 250 WpM können Sie Ihre Lesegeschwindigkeit weiter erhöhen.* ■

Vermeiden Sie Lesebremsen

Ob Sie innerlich mitsprechen oder immer wieder zurückblicken, weil Sie glauben, sich etwas nicht gemerkt zu haben: Es gibt viele Faktoren, die unsere Lesegeschwindigkeit reduzieren. Hier erfahren Sie, wie Sie die typischen Lesebremsen vermeiden können.

Legen Sie unproduktive Lesegewohnheiten ab

In diesem Teil des Trainingsprogramms geht es darum, Ihre Lesegewohnheiten genau zu analysieren. Hier liegt nach unseren Erfahrungen ein großes Potenzial, um Ihre Lesegeschwindigkeit zu erhöhen. Es geht dabei um typische Lesegewohnheiten, die das Tempo deutlich reduzieren. Wir sprechen daher auch von „Lesebremsen".

Sprechen und Lesen

Viele Ursachen für eine nicht effiziente Lesetechnik liegen bereits in der Schulzeit. Lehrer bringen ihren Schülern bei, nicht schneller zu lesen als sie sprechen können. Diese Technik begrenzt die Lesegeschwindigkeit automatisch auf die Sprechgeschwindigkeit. Die moderne Gehirnforschung hat gezeigt, dass unser Gehirn ohne Probleme mehr als 10 000 Wörter pro Minute aufnehmen kann – das ist deutlich mehr als die Sprechgeschwindigkeit zulässt.

Was Sie ändern können

Prüfen Sie mit Hilfe der folgenden Checkliste Ihre bisherigen Lesegewohnheiten. So können Sie Ihre individuellen „Lesebremsen" herausfinden. Beantworten Sie die Fragen, ohne lange nachzudenken. Seien Sie ehrlich zu sich selbst. Nur so erkennen Sie, wo Ihr persönliches Optimierungspotenzial zur Steigerung der Lesegeschwindigkeit liegt.

Checkliste: Typische Lesebremsen

Sprechen Sie den gelesenen Text laut mit?	❐ ja	☒ nein
Zeigen Sie beim Lesen mit dem Finger auf einzelne Wörter?	❐ ja	☒ nein
Formulieren Sie den Text während des Lesens mit der „inneren Stimme"?	☒ ja	❐ nein
Bewegen Sie Ihren Kopf beim Lesen?	❐ ja	☒ nein
Schauen Sie beim Lesen auf jedes einzelne Wort?	☒ ja	❐ nein
Lassen Sie sich beim Lesen ablenken?	☒ ja	❐ nein
Gehen Sie am Ende eines Satzes oder am Ende eines Absatzes an den Anfang zurück, um den Text noch einmal zu lesen?	❐ ja	☒ nein
Sind Sie beim Lesen manchmal unkonzentriert?	☒ ja	❐ nein
Haben Sie nach dem Lesen häufig das Gefühl, nicht mehr zu wissen, worum es in dem Text eigentlich ging?	☒ ja	❐ nein

Wie oft haben Sie mit „Ja" geantwortet? 5 mal. Jedes „Ja" reduziert die Lesegeschwindigkeit um etwa 10 %. Im weiteren Verlauf des Trainingsprogramms geht es darum, möglichst viele dieser Angewohnheiten zu vermeiden. Der nächste Schritt des Trainingsprogramms ist dazu besonders wichtig.

■ *Lassen Sie sich bei den folgenden Schritten Zeit. Setzen Sie sich nicht unnötig unter Druck. Wenn Sie nur vier der typischen Angewohnheiten vermeiden, die Ihre Lesegeschwindigkeit reduzieren, haben Sie bereits sehr viel erreicht.* ■

Hören Sie nicht auf die „innere Stimme"

Erfahrungsgemäß löst vor allem der Punkt „die innere Stimme weglassen" Widerstände aus. Gleichzeitig bietet er das größte Steigerungspotenzial. Wenn Sie in Ihrem Kopf haben, wie sich das Wort ausgesprochen anhören würde, lesen Sie mit der inneren Stimme. Wenn Sie die innere Stimme zum ersten Mal weglassen, haben Sie vermutlich das Gefühl, den Text gar nicht gelesen, geschweige denn verstanden zu haben.

Doch dies ist nur am Anfang so. Denn es gibt eine direkte Verbindung zwischen Ihrem Auge und Ihrem Gehirn. Sie müssen den Text weder laut noch innerlich mitsprechen, um ihn zu verstehen!

Erwarten Sie am Anfang keine Perfektion. Sie beginnen gerade in eine neue Dimension des Lesens einzusteigen. Nach einiger Übung wird es „Klick" machen und Sie werden „durchstarten"!

Wichtige Hinweise für den 2. Lesetest

Lesen Sie den Text auf den nächsten Seiten so schnell wie möglich. Versuchen Sie vor allem die folgenden vier Fehler zu vermeiden, auch wenn es zunächst schwer fällt:

- Lesen Sie den Text nicht mit der „inneren Stimme" mit.
- Zeigen Sie nicht mit dem Finger auf einzelne Wörter.
- Gehen Sie beim Lesen am Ende eines Satzes nicht an den Anfang zurück, um den Text noch einmal zu lesen.
- Lesen Sie immer weiter, auch wenn Sie manchmal das Gefühl haben, etwas nicht richtig verstanden zu haben.

Vermeiden Sie typische Fehler

Wir konzentrieren uns im folgenden Lesetest bewusst auf diese vier typischen „Lesebremsen".

Das Ergebnis wird Ihnen zeigen, dass Sie die Lesegeschwindigkeit allein durch diese kleinen Veränderungen deutlich steigern. Sie werden sich wundern, wie viele Informationen Sie trotz des höheren Tempos verstanden und behalten haben. Damit haben Sie die erste – und wahrscheinlich schwierigste – Hürde des Trainingsprogramms bereits erfolgreich gemeistert.

- Lesen Sie den Text so schnell wie möglich!
- Stoppen Sie die benötigte Zeit ganz genau!
- Beantworten Sie direkt nach dem Lesen die Fragen.

Nehmen Sie sich vorher ein paar Minuten Zeit, um sich zu entspannen und zu konzentrieren.
Das Leseziel liegt jetzt darin, möglichst schnell zu lesen. Starten Sie jetzt Ihre Stoppuhr und lesen Sie den Text!

Der 2. Lesetest

Stellen Sie sich auf Ihr Gegenüber ein

Konflikte entzünden sich immer auch an der Persönlichkeit und den Eigenheiten einzelner Menschen. Kollegen und Mitarbeiter, aber auch Vorgesetzte richtig einschätzen zu können, gibt deshalb am Arbeitsplatz ein Gefühl von Sicherheit.

Für den Umgang mit den meisten Menschen reicht in der Regel etwas Beobachtungsgabe und Menschenkenntnis aus. Ihr besonderes Einfühlungsvermögen sollte allerdings den Chefs und Kollegen gelten, von denen Sie annehmen müssen, dass sie in konfliktträchtigen Situationen zu Ihrem Gegenüber werden.

Lernen Sie Persönlichkeitstypen kennen

Wer die verschiedenen Persönlichkeitstypen kennt, wird sich im Umgang mit seinen Mitmenschen leichter tun, denn er kann sich auf mögliche Eigenheiten unliebsamer Zeitgenossen besser einstellen.

Eines sollten Sie dabei freilich nie vergessen: Jeder Mensch ist einzigartig. Rechnen Sie also nicht damit, dass Ihnen die folgenden Persönlichkeitstypen in reinster Form begegnen. Jedes Verhalten orientiert sich an konkreten Anlässen und bestimmten Situationen, kann sich also jederzeit verändern. Kategorisierungen von Persönlichkeiten erwecken oft den Eindruck, Verhalten sei eine unabänderbare Größe. Dies ist jedoch ein Trugschluss: Die meisten Menschen – also auch Ihr Chef und Ihre Kollegen – reagieren keineswegs immer einsichtig und folgerichtig. Häufiger als dies entsprechende Typologien glauben machen, lassen auch sie sich von Stimmungen und den Einflüssen der Umgebung leiten.

Die folgenden vier Persönlichkeitstypen sollten Sie kennen, damit Sie sich auf die jeweiligen Eigenarten einstellen können:

- der Selbstdarsteller,
- der Perfektionist,
- der Unnahbare,
- der Harmoniesüchtige.

Der Selbstdarsteller

Der Selbstdarsteller ist in erster Linie handlungs- und sachorientiert. Er scheut sich nicht, im Mittelpunkt der Aufmerksamkeit zu stehen – im Gegenteil, er tut fast alles dafür, Beachtung zu finden.

Der Selbstdarsteller schlüpft – eher unbewusst, als wohlüberlegt – zu diesem Zweck in verschiedene Rollen. Als Choleriker etwa schüchtert er seine Mitmenschen durch Temperamentsausbrüche und Tobsuchtsanfälle ein. Der Blender wiederum versucht Kollegen und Vorgesetzte effektvoll zu beeindrucken, um so über seine Inkompetenz hinwegzutäuschen; dabei ist ihm nahezu jedes Mittel recht. Insbesondere in Führungsetagen ist außerdem der Feldherr zu Hause: Sein Führungsstil ist autoritär und steht zunehmend häufiger im Widerspruch zu einer zeitgemäßen Mitarbeitermotivation. Alle diese Rollen sollen beeindrucken und die eigenen Interessen durchsetzen.

Der Selbstdarsteller ist direkt und energisch, entschlossen und selbstbewusst. Er sieht sich als Macher und geht deshalb keinem Konflikt aus dem Weg. Im Gegenteil: Ist das Risiko kalkulierbar, scheut er sich nicht die Initiative zu ergreifen und die Auseinandersetzung zu suchen. Der Selbstdarsteller ist ungeduldig. Bedenken und Einwände, langatmige Ausführungen und detaillierte Erklärungen bremsen seinen Elan und zwingen ihn zum Handeln. Persönliche Angriffe verletzen den Selbstdarsteller und steigern eher das Konfliktpotenzial.

Der Perfektionist

Der Perfektionist gehört zu den weniger emotionalen Menschen. Er ist nüchtern und sachlich, eher phantasielos und zurückhaltend. Er versucht den Dingen auf den Grund zu gehen, nimmt es dabei jedoch manchmal etwas zu genau. Der Perfektionist ist mitunter etwas stur und scheut zumeist das Risiko. Dies führt dazu, dass er gerne auf seiner Sicht der Dinge beharrt und sich gegenüber Veränderungen ablehnend verhält.

Um Entscheidungen zu treffen, braucht der Perfektionist neben unzähligen Informationen auch die notwendige Zeit zur genauen Analyse. Aus Angst vor nicht kalkulierbaren Folgen zieht er es vor, Entscheidungen auszuweichen. Damit wird er zum Aussitzer. In manchen Fällen erscheint der Perfektionist auch in der Rolle des detailverliebten

Pedanten. Dessen Genauigkeit und Kontrollsucht stehen oft im Gegensatz zur Kreativität und Spontanität innovativer Kollegen. Nicht selten entpuppt er sich auch als Besserwisser. Immun gegenüber Ratschlägen ist er der Meinung, als Einziger Bescheid zu wissen. Unbeirrt hält er an seiner Sicht der Dinge fest und erwartet, dass die von ihm gemachten Vorschläge umgesetzt werden.

Der Perfektionist versteht sich als Experte. Er braucht Orientierungspunkte und liebt deshalb auch klare Regeln. Sein besonderes Sicherheitsbedürfnis lässt ihn schnell zum Kontrolleur werden. Er interessiert sich für jedes Detail Ihrer Tätigkeit und fragt ständig nach dem aktuellen Stand Ihrer Arbeit. Der Perfektionist ist zugleich Analytiker und schenkt logischen Argumenten in der Regel mehr Aufmerksamkeit als emotionalen Stimmungen.

Der Unnahbare

Der Unnahbare zählt zu den Menschen, die soziale Nähe meiden. Er zeigt nur wenig Emotionen und wirkt eher etwas kühl, manchmal auch arrogant. Seine distanzierte Art vermittelt schnell den Eindruck einer strategisch handelnden Person – auch wenn dies nur selten der Fall ist. Als Einzelgänger bleibt er gerne im Hintergrund. Gerät er unter Druck, zieht er sich häufig ganz zurück. Dies macht es schwer, ihn in Arbeitsgruppen und Projektteams zu integrieren. Ist er Vorgesetzter, so geht eine Zusammenarbeit kaum ohne Konflikte ab. Vor allem Informationslücken lassen eine reibungslose Kommunikation mit einem derart distanzierten Chef eher zur Ausnahme werden.

Der Unnahbare ist nur schwer einzuschätzen: „Stille Wasser sind tief", diese Erkenntnis gilt gerade auch für ihn. Hüten Sie sich deshalb davor, ein vorschnelles Urteil über ihn zu fällen. Die Gefahr, den Unnahbaren zu unter- oder zu überschätzen ist groß. Das Wissen darum gibt dem Unnahbaren eine gewisse Stärke.

Der Harmoniesüchtige

Der Harmoniesüchtige zeigt sich als besonders emotionaler Mensch. Er ist kommunikativ und mitteilsam, kann aber auch zuhören. Stärker als andere ist er von der Atmosphäre und den Stimmungen am Arbeitsplatz abhängig. Auseinandersetzungen geht er aus dem Weg. Sein Harmoniebedürfnis begründet das starke Bemühen um ein gutes Verhältnis zu Kollegen und Vorgesetzten. Dabei macht ihn seine entgegenkommende und geduldige Art zu einem umgänglichen Mitmenschen. Für eine harmonische Beziehung ist er auch bereit die eigenen Ziele zu opfern.

Doch dem Harmoniesüchtigen geht es nur selten um die Sache, wichtiger sind ihm dagegen gute

Arbeitsbeziehungen und ein angenehmes Betriebsklima. Probleme werden dabei schon mal unter den Teppich gekehrt.

Nur in einer vertrauten Umgebung und im Kreis seiner Kollegen findet er die notwendige Geborgenheit. Cliquenbildung und Kumpanei sind ihm darum auch nicht fremd. Bekommt er keine emotionale Zuwendung, wird er unausstehlich. Sein starkes Sicherheitsbedürfnis verhindert, dass er sich neuen und unbekannten Dingen gegenüber öffnet. Veränderungen, die seine Gewohnheiten und das Verhältnis zu seinen Kollegen betreffen, lehnt er ab. Werden Sie dennoch notwendig, so sind Konflikte kaum zu vermeiden.

Quelle: TaschenGuide Konflikte im Beruf

Stoppen Sie jetzt die benötigte Lesezeit. Notieren Sie hier Ihre Lesezeit in Sekunden: 265! Beantworten Sie dann die folgenden Fragen, ohne dabei zu diesem Text zurückzublättern!

Was haben Sie sich gemerkt?

Frage 1

Welche der folgenden Aussagen trifft zu?

- ❒ Konflikte drehen sich immer um sachliche Probleme.
- ❒ Konflikte sind sehr, sehr selten und immer offensichtlich.
- ☒ Konflikte entzünden sich immer auch an der Persönlichkeit und den Eigenheiten einzelner Menschen.

Frage 2

Wodurch lassen sich die meisten Menschen häufig leiten?

- [x] von Stimmungen und Einflüssen der Umgebung
- [ ] von analytischem Denken
- [ ] von der Meinung anderer

Frage 3

Wie viele Persönlichkeitstypen werden näher erläutert?

☐ 1 ☐ 2 ☐ 3 ☒ 4 ☐ 5

Frage 4

Welcher Persönlichkeitstyp interessiert sich für jedes Detail seiner Tätigkeit und fragt ständig nach dem aktuellen Stand der Arbeit? Perfektionist

____

Frage 5

Welcher Persönlichkeitstyp ist direkt, energisch, entschlossen und selbstbewusst?

- [ ] der Perfektionist
- [ ] der Unnahbare
- [x] der Selbstdarsteller
- [ ] der Harmoniesüchtige

Frage 6

Was ist dem Harmoniesüchtigen besonders wichtig? (Mehrere Antworten sind möglich.)

- ❐ tun und lassen zu können, was er will
- ☒ gute Arbeitsbeziehungen
- ❐ harmonische Farben der Büros
- ☒ angenehmes Betriebsklima
- ❐ vertraute Umgebung
- ❐ angenehme Klingeltöne vom Telefon

Die richtigen Antworten zum 2. Lesetest

Vergleichen Sie jetzt die richtigen Antworten mit Ihrer Entscheidung. Notieren Sie bitte in der Spalte rechts pro richtige Antwort einen Punkt!

Frage 1 — Punkte

✓ Konflikte entzünden sich auch an der Persönlichkeit und den Eigenheiten einzelner Menschen.

Frage 2

✓ von Stimmungen und Einflüssen der Umgebung

Frage 3

✓ 4

Frage 4

der Perfektionist

Frage 5

✓ der Selbstdarsteller 1

Frage 6

✓ gute Arbeitsbeziehungen 1

✓ angenehmes Betriebsklima 1

✓ vertraute Umgebung –

Gesamtpunktzahl (maximal acht Punkte) 7

Wie viele Punkte haben Sie erreicht?

- ❒ 1 entspricht 12,5 %
- ❒ 2 entspricht 25 %
- ❒ 3 entspricht 37,5 %
- ❒ 4 entspricht 50 %
- ❒ 5 entspricht 62,5 %
- ❒ 6 entspricht 75 %
- ❒ 7 entspricht 87,5 %
- ❒ 8 entspricht 100 %

Ermitteln Sie jetzt Ihre Lesegeschwindigkeit in diesem 2. Test. Haben Sie die vier typischen Lesebremsen weitgehend vermieden? Dann werden Sie garantiert überrascht sein, um wie viel Prozent Sie Ihr Lesetempo bereits in dieser frühen Phase des Trainingsprogramms gesteigert haben.

Ermitteln Sie die Steigerung Ihrer Lesegeschwindigkeit

1. Schritt:

Der 2. Lesetest umfasst 964 Wörter. Teilen Sie die Anzahl der Wörter des Textes durch die benötigte Lesezeit in Sekunden. Dieses Ergebnis multiplizieren Sie dann mit 60.

Formel:

964 Wörter : 265 Sekunden = 0,27 Wörter / Sekunde
3,63 Wörter / Sekunde × 60 Sekunden = ~~165~~ Wörter / Minute
Ihr Ergebnis: ~~165~~ 218 Wörter pro Minute (WpM)

Tragen Sie die Ergebnisse beider Tests hier ein:

Ihr Ergebnis im 1. Test (S. 23): 159 Wörter pro Min.

Ihr Ergebnis in diesem 2. Test: 218 Wörter pro Min.

2. Schritt:

Teilen Sie das Ergebnis im 2. Test durch das des 1. Tests:

2. Test: ______ WpM : 1. Test ______ WpM = 1,37

3. Schritt:

Ziehen Sie von diesem Ergebnis 1 ab: 1,37 – 1 = 0,37

4. Schritt:

Multiplizieren Sie das Ergebnis aus dem 3. Schritt mit 100:
0,37 × 100 = 37

Dieser Wert entspricht der Steigerung Ihrer Lesegeschwindigkeit in Prozent!

Konzentration erhöhen und Blickspanne erweitern

In diesem Kapitel finden Sie Übungen, mit denen Sie Ihre Konzentrationsfähigkeit erhöhen und Ihre Blickspanne erweitern können. Darüber hinaus erfahren Sie, wie Sie das ideale Verhältnis von Aufwand und Nutzen beim Lesen finden.

Langsames Lesen lenkt ab

Ihre Augen können mehr als 10 000 Wörter pro Minute erfassen. Ihr Gehirn kann diese Informationen problemlos verarbeiten. Wenn Sie mit einem Tempo von 150 Wörtern pro Minute lesen, unterfordern Sie also Ihre Augen und Ihr Gehirn ganz erheblich.

Kennen Sie das Gefühl? Sie „ertappen" sich beim Lesen eines Textes dabei, dass Sie abgelenkt und unkonzentriert sind. Sie überlegen, was Sie noch einkaufen müssen und wen Sie noch anrufen wollen.

Können Sie sich dabei auf den Text konzentrieren? Können Sie den Text danach wiedergeben? Ihr Gehirn ist in diesem Fall unterfordert und sucht nach „Nebenschauplätzen". Das stört Ihre Konzentration, denn Ihre Gedanken wandern unbewusst zu anderen Dingen.

Wenn Sie dagegen mit einer sehr hohen Lesegeschwindigkeit lesen, müssen Sie voll konzentriert sein. Sie fordern Ihre Augen und Ihre Aufmerksamkeit wird nicht gestört. Daher auch die Behauptung, die in unseren Seminaren immer wieder für Erstaunen sorgt: Je schneller Sie lesen, umso besser werden Sie die gelesenen Informationen verstehen und behalten!

Konsequenzen einer niedrigen Lesegeschwindigkeit

Ein niedriges Lesetempo hat negative Folgen:

- Sie lassen sich leichter ablenken.
- Ihr Gehirn ist unterfordert.

- Die Augen suchen nach anderen interessanten Dingen.
- Die Konzentration lässt erheblich nach.

Lesen Sie auch dann schnell weiter, wenn Sie das Gefühl haben, nicht alle Informationen behalten zu haben. Viele Details gehen über das Gehirn direkt in das Unterbewusstsein. Diese Informationen sind nach dem Lesen verfügbar und abrufbar. Nutzen Sie diese Kraft Ihres Unterbewusstseins! Sie werden schnell merken, dass Sie bisher nur mit „angezogener Handbremse" gelesen haben!

Die folgenden Übungen werden Ihnen helfen die Kraft Ihres Unterbewusstseins noch gezielter einzusetzen.

So konzentrieren Sie sich besser

Wenn Sie konzentriert lesen, wirkt sich dies positiv aus:

- Sie lesen schneller.
- Die Merkfähigkeit steigt.
- Sie unterscheiden schneller und sicherer zwischen wichtigen und unwichtigen Informationen.

Daher haben wir spezielle Konzentrationsübungen für Sie entwickelt. Führen Sie bitte alle Übungen durch, bevor Sie mit den weiteren Schritten des Trainingsprogramms fortfahren. Nur so ist gewährleistet, dass Sie das Potenzial zur Steigerung Ihrer Lesegeschwindigkeit voll ausnutzen.

> *Es ist sinnvoll, die Übungen mehrfach durchzuführen. Arbeiten Sie daher mit einem Bleistift oder kopieren Sie die Übungen vorher.*

Übung 1

Wir empfehlen Ihnen vor den Aufgaben eine kleine Entspannungsübung durchzuführen: Schließen Sie dazu die Augen. Zählen Sie langsam von 20 rückwärts bis 0. Ballen Sie dann Ihre Hände einige Male kräftig zur Faust. Danach wieder entspannen und lösen.

Übung 2

Kreuzen Sie die Buchstaben „n" und „u" an.

akgezhnhjqäöoggklaunewagrtsgeänvcy
qwadsrcgfhjnmnbklöäpzifudztagrhjtufhd
amalöäfpfizmumskalahdkfkmnflknsedlin
rfpgkergöwrpjqwdepijfwrespogerpjoreklä
aqwmgpijwrefpüoörekgfäplhölopüenuikn
qwertzuiopüäölkjhgfdsayxcdxcfvbghnnjm
lopöäömnbvhcgtfgruqasfyvdfrgmkzklunvn
bgtäüpolkiuzztrerwqasdfnunhzthungfdertk
laqwjkjsfadtrqäoiunmhlöopztgahhsjstarnun

Die Lösung: Sie sollten 21-mal den Buchstaben „n" und 13-mal den Buchstaben „u" gefunden haben. Wiederholen Sie diese Übung so oft, bis Sie innerhalb von 60 Sekunden mindestens 30 Buchstaben gefunden haben. Machen Sie vorher zur Entspannung Übung 1.

Übung 3

Auch in dieser Übung geht es um die Steigerung Ihrer Konzentrationsfähigkeit und eine effektivere Lesetechnik.

Finden Sie den Unterschied zwischen den beiden untereinander stehenden Zahlenkolonnen heraus. Markieren Sie die Ziffer, die unterschiedlich ist.

9635167	91674534	84291762	91643526
9637167	92674534	84291742	91648526
1208354	91274106	91275341	61092154
7208354	91254106	91375341	61892154
6424321	24354891	28564233	24618931
6424321	24354691	28364233	24218931
7391086	13649074	13267843	74163219
7381086	13849074	13667843	14163219
2619321	82944212	68127953	54619863
2679321	82844212	68127973	54819863
7543939	72382341	92474512	74361534
7543929	72385341	92474517	74561534
1467845	23292222	89265473	65361429
1463845	22292222	89275473	75361429
1963725	72081353	14276555	98624152
1983725	72081358	14216555	98624752

Übungen mit Zahlen erhöhen Ihre Konzentrationsleistung. Entscheidend ist ein regelmäßiges Training. Je häufiger Sie üben, umso intensiver ist der Lerneffekt. Er wirkt sich bei den weiteren Schritten zur Steigerung der Lesegeschwindigkeit positiv aus. Nutzen Sie diesen Effekt!

Übung 4

Im folgenden „Buchstaben-Dschungel" sind die Namen von fünf deutschen Großstädten versteckt. Kreisen Sie die Namen der Städte ein!

HJUIRFCEFRANKFURTHIUCSERÜÖLKÖLNGTR
KLÖMJHUZTGVCESSENBHJKLRWERTZNHGVB
PTBUNMIDHFÄLÖÖJKFCHGLÄPGFFFZDTKLKK
IMDUFDREMNHUIOPGHJKUKOLMMMFDERWA
LWEDSKARLSGHRVMÜNGRTZHANNÖNMBERU
XNUINÖMNBVCFDSAWHANNOVERJURTFGUIÖ
NBVCFLONDRGHJIKLMNCFRTUNJMKLÜBFDSU
SEKJOTVVBUIJNMLÖOPOTSDAMBJRGHTFUNB
FGTREWDKKURFVCDARMBGHJPLÖPLMDORTN
GUGIBERLKJNMGLÖJHFDCSCHWEINHJIHTRFDC

Die Lösung: Frankfurt, Köln, Essen, Hannover und Potsdam. In unseren Trainings finden die meisten Teilnehmer nur vier Städte. Der fünfte Name wird meistens erst „gesehen", wenn wir die Stadt nennen. Ist es Ihnen auch so ergangen? Es gibt keinen Grund, deswegen frustriert zu sein. Übung macht den Meister!

Übung 5

In den Reihen ist fünfmal die Zahlenkombination „83135" versteckt. Kreisen Sie die Zahl ein!

19845362965831355436718943629655435543671736
51948274635194756478938271615352419564735418
53965831621629329184752183135894318943662965
17539588713415468376251429876123554461953433
94318995396588313521831376353691753232713135
54367894318997624519630868313561297530125543
86252698739816723976139876123831357510863563
91736598129654763524233856472612736329368495

Die Lösung: Die Zahlenkombination finden Sie in den Zeilen eins, drei, fünf, sechs und sieben. Haben Sie die Zahl nicht sofort gefunden? Dann wiederholen Sie die Übung. Gehen Sie dabei zeilenweise vor und decken Sie die übrigen Zahlen mit einer Karteikarte ab.

Aufwand und Nutzen abwägen: das Pareto-Prinzip

In unserem Training machen wir während der Konzentrationsübungen immer wieder folgende Erfahrung: Die Teilnehmer finden in der Übung 4 häufig nur vier Städte und sind dann sehr enttäuscht. Um die fünfte Großstadt zu finden, investieren Sie häufig mehr Zeit, als für das Suchen der vier übrigen Städte.

Ist dies sinnvoll? Aus unserer Sicht nicht, denn es ist nicht effizient. Schließlich ist es bereits ein guter Wert, 80 % der Lösung zu erreichen. Selbstverständlich gibt es Situationen, in denen ein Ergebnis von 100 % gebraucht wird. Aber ist das die Regel?

Der italienische Nationalökonom Vilfredo Pareto (1848–1923) hat Anfang des 20. Jahrhunderts das 20:80-Prinzip entwickelt: 20 % der Bevölkerung besitzen 80 % des Vermögens, die anderen 80 % der Bevölkerung teilen sich die restlichen 20 %.

Dieses Prinzip lässt sich auf unterschiedliche Bereiche der Wirtschaft und der betrieblichen Organisation übertragen. Hier einige Beispiele:

Beispiele

Selbstmanagement: In 20 % Ihrer Zeit erzielen Sie 80 % des Ergebnisses: Sie arbeiten an einer Präsentation eine Stunde. Nach dem Pareto-Prinzip haben Sie jetzt 80 % der möglichen Qualität erreicht. Um auf 100 % zu kommen, müssen Sie jetzt noch einmal 80 % Ihrer Zeit investieren, also etwa vier Stunden. Das ist sicherlich nicht effektiv. Aber es gibt viele Perfektionisten, die diesen unnötigen Zeitaufwand dennoch betreiben.

Betriebswirtschaft: 20 % aller Kunden bringen 80 % des Umsatzes. Die Konsequenz: Um diese Kunden sollte sich ein Verkäufer ganz besonders intensiv kümmern.

Wie viel Information mit welchem Aufwand?

Nach unseren Erfahrungen gilt das Pareto-Prinzip auch bei der Aufnahme und der Verarbeitung von schriftlichen Informationen.

20 % der Unterlagen, die auf Ihrem Schreibtisch liegen, enthalten 80 % der Informationen, die Sie für Ihre tägliche Arbeit benötigen. Die Kunst besteht darin, die wichtigen Medien zu kennen und intensiv zu nutzen. Die übrigen müssen Sie nur überfliegen, im Extremfall können sie ungelesen im Papierkorb landen.

20 % des gelesenen Textes enthalten 80 % der Informationen. Es geht nur darum, die Passagen von vornherein zu erkennen.

Wenn Sie 20 % des gelesenen Textes behalten, haben Sie 80 % der Informationen eines Textes gespeichert.

Bringen Sie Aufwand und Nutzen in das richtige Verhältnis. Die folgenden Punkte sollten Sie unbedingt umsetzen, denn sie bedeuten einen erheblichen Zeitgewinn:

1. Stellen Sie zusammen, welche Unterlagen die entscheidenden Informationen enthalten.
2. Lesen Sie nur die wichtigsten Passagen.
3. Es genügt, wenn Sie einen Teil der Informationen behalten. 80 % ist ein gutes Ergebnis.

■ *Lösen Sie sich beim Lesen vom Prinzip des Perfektionismus: In den seltensten Fällen ist es notwendig, alle gelesenen Informationen zu behalten. Daher sollten Sie bei den Lesetests zufrieden sein, wenn Sie 80 % der Fragen zum Text richtig beantworten.* ■

Ein weiterer Vorteil: Mit dieser Einstellung werden Sie viel gelassener lesen. Und wer mehr Gelassenheit mitbringt, liest in aller Regel schneller. Außerdem vermeiden Sie eine der wichtigsten Lesebremsen: das Zurückgehen an den Anfang eines Satzes oder eines Absatzes.

Übung 6

Finden Sie die elf ungleichen Wortpaare und kreisen Sie diese ein.

Rampe	Fritz	Roland	Kunst
Rampe	Fritz	Roland	Dunst
Kamin	Klecks	Lampe	Kugel
Komin	Klecks	Lompe	Kugel
Pilot	Katze	Fratze	Wanze
Pilot	Katze	Fratze	Wanse
Lager	Riegel	Buero	Bach
Loger	Riegel	Buero	Bach
Liege	Löten	Frisch	dösen
Liege	Löten	Frosch	dösen
Löcher	Monster	Draht	Bauch
Löcher	Monsler	Draht	Bauch

frech	Laube	sauer	Knast
frech	Leube	sauer	Knast
Krach	Grund	Mutter	Angst
Kroch	Grund	Mutter	Angst
Fliese	Ding	staubig	Kunst
Fliese	Dung	staubig	Kunst
Gunst	braun	Weise	kernig
Gunst	braun	Wiese	kernig

Analysieren Sie nach der Übung, wie Sie vorgegangen sind. Erfassen Sie die Wortpaare mit einem Blick? Oder gehen Sie zeilenweise vor? Wenden Sie unterschiedliche Strategien an und finden Sie heraus, wie Sie die ungleichen Wortpaare schneller finden. In der nächsten Übung können Sie die unterschiedlichen Techniken ausprobieren und trainieren.

Übung 7

Suchen Sie in dieser Übung die ungleichen Wortpaare heraus. Beginnen Sie links oben und gehen Sie dann die einzelnen Spalten senkrecht hinunter. Machen Sie vorher eine Entspannungsübung: Schließen Sie die Augen, atmen Sie einige Male tief ein und aus. Öffnen Sie dann die Augen, räkeln Sie sich und ballen Sie die Hände kräftig zur Faust. Dann wieder entspannen.

Von den 16 ungleichen Wortpaaren sollten Sie mindestens 13 finden und markieren.

BENUG	Licht	GREEN	Mogul	MERCI	Molch
GENUG	Licht	GREEM	Mogul	MERCI	Molch
Asama	Autor	Baden	Bande	Wille	brain
Asama	Aulor	Beden	Bande	Willi	brein
curie	chaos	costa	chips	posan	tulpe
corie	chaoe	costa	chips	posen	pulpe
FAGUR	FIDEL	FORUM	Grcco	Summe	Surat
FIGUR	FIDEL	FORUM	Greco	Summe	Surat
corps	Minute	casio	Train	tatar	taufe
Korps	Minute	casio	Train	tatar	teufe
Junge	Yabul	Julia	kamin	Gibei	MAUS
Junge	Yabul	Julia	kanin	Gibel	MAUS

Diese Übung können Sie täglich mit jedem beliebigen Text wiederholen: Überfliegen Sie den Text, den Sie gerade lesen, so schnell wie möglich und kreisen Sie dabei bestimmte Wörter ein. Besonders gut geeignet sind kurze Begriffe wie „und", „auch", „der".

Ein besonders intensives Training erreichen Sie, wenn Sie in den Texten nach bestimmten Begriffen oder nach Namen suchen. So steigern Sie Ihre Konzentrationsfähigkeit. Besonders gut geeignet sind Magazine und Zeitschriften mit zweispaltigen Texten. Die Zeilen sind kürzer und daher leichter zu erfassen.

Blickspanne und Augenbewegung

Bevor wir zum nächsten Trainingsschritt kommen, sollten Sie einmal eine andere Person bewusst beim Lesen beobachten. Kontrollieren Sie dabei besonders die Augen Ihres Gegenübers. Sie werden feststellen, dass sich die Augen nicht gleichmäßig über den Text bewegen. Sie machen viele kleine Sprünge und bleiben zwischen den Sprüngen immer wieder für einen „Augen-Blick" stehen.

Der Grund: Unsere Augen können den Text nur dann aufnehmen, wenn Sie an einer Textstelle für einen Moment stehen bleiben. Dieser kurze Augenblick wird „Fixierung" genannt. Untersuchungen haben gezeigt, dass Fixierungen beim Lesen etwa zwei bis drei Zehntelsekunden dauern. Dabei spielt es keine Rolle, ob es sich um einen schnellen oder einen langsamen Leser handelt.

Die Augenbewegung beeinflussen

Die Dauer einer Fixierung ist beim Lesen immer gleich und die Geschwindigkeit der Augenbewegungen zwischen den Fixierungen ist kaum beeinflussbar. Wenn Sie dennoch schneller lesen möchten, haben Sie nur eine Chance: weniger Fixierungen. Machen Sie dazu einmal den folgenden Test:

Test

Strecken Sie die Arme aus. Strecken Sie beide Daumen nach oben, so dass sie etwa 50 Zentimeter von Ihren Augen entfernt sind. Fixieren Sie nun den linken Daumen. Blicken Sie dann zum rechten. Bewegen Sie dabei ausschließlich die Augen. Ihr Kopf bleibt völlig ruhig. Fixieren Sie jetzt abwechselnd einmal den einen, dann den anderen Daumen.

Nun versuchen Sie, die Geschwindigkeit zu beeinflussen, mit der Ihre Augen vom einen Daumen zum anderen hinüberwandern. Bewegen Sie die Augen ganz langsam und gleichmäßig von einem Daumen zum anderen. Dann ganz schnell. Gelingt Ihnen das?

Mit Sicherheit nicht! Wenn es Ihnen scheinbar gelingt, suchen sich Ihre Augen Fixierungspunkte zwischen Ihren Daumen, etwa an der dahinter liegenden Wand. Sie können die Geschwindigkeit Ihrer Augenbewegungen bei scharfem Sehen nicht beeinflussen. Die Augen bewegen sich nur dann langsam, wenn der Punkt, den Sie fixiert haben, sich selbst bewegt. Das ist aber beim Lesen nie der Fall.

Erweitern Sie Ihre Blickspanne

Ein untrainierter Leser hat eine Blickspanne von etwa einem Grad. Bei einem Abstand zwischen Auge und Text von 30 Zentimetern erfasst das Auge einen Text von einem Zentimeter. Das entspricht einem Wort mit drei bis fünf Buchstaben.

Durch kontinuierliches und intensives Augentraining können Sie die Blickspanne auf acht bis zwölf Grad erweitern. Das Auge erfasst dann einen Text von sechs bis acht Zentimetern mit einem Blick. Das entspricht sechs bis acht Wörtern.

Auf den folgenden Seiten finden Sie geeignete Übungen, um Ihre Blickspanne kontinuierlich zu erweitern.

Übung 8

Je mehr Buchstaben und Wörter Sie auf einen Blick gleichzeitig erkennen können, umso schneller lesen Sie. Die folgenden Übungen sind besonders gut geeignet, um Ihre Blickspanne zu trainieren und langsam zu erweitern.

Decken Sie die Zeilen mit einem Blatt Papier oder einer Karteikarte Zeile für Zeile auf. Schauen Sie bei den folgenden Wortpaaren genau auf den Gedankenstrich. Sie werden erkennen, dass Sie schon nach kurzem Training beide Wörter auf einen Blick problemlos erkennen und lesen können.

Rot – Rad
Wut – Hut
Uhr – Uhu
Reh – Gut
das – was
wie – wer
Lid – Lot
Not – Bad
Kur – Ohr
Nut – Mut
Sud – Bad
Amt – Gut

Übung 9

Gehen Sie erst zu dieser Übung, wenn Sie die Wörter mit drei Buchstaben in der Übung 8 gleichzeitig lesen und erkennen können.

Wir erhöhen jetzt langsam den Schwierigkeitsgrad der Übungen: Decken Sie den Text wieder ab. Ziehen Sie das Blatt Zeile für Zeile für einen kurzen Moment nach unten, dann decken Sie die Zeile sofort wieder ab. Sie erkennen beide Wörter trotz des kurzen Blickkontakts, wenn Sie auf den Gedankenstrich schauen.

Kind – Rind

Haus – Land

Jagd – Land

Hand – Mund

Gang – Kino

Sand – Zinn

Dorf – Torf

Dank – Fang

Wort – Wert

Land – Wand

Hund – Hand

Baum – Saum

Wert – Wort

grün – gelb

Übung 10

Machen Sie diese Übung erst, wenn Sie die Wörter mit vier Buchstaben in Übung 9 gleichzeitig erkennen und lesen können, wenn Sie auf den Gedankenstrich schauen. Decken Sie den Text wieder ab. Ziehen Sie das Blatt Zeile für Zeile für einen kurzen Moment nach unten, dann decken Sie die Zeile sofort wieder ab.

Schreiben Sie die Begriffe nach dem Lesen sofort auf. Kontrollieren Sie dann, ob Sie beide Begriffe richtig erkannt haben. Je schneller Sie die Zeile wieder zudecken, umso höher ist der Trainingseffekt.

singt – hinkt

Lasso – Glanz

Kasse – Minze

Druck – Glück

Lager – Breite

Regal – Pedal

Tisch – Fisch

Kranz – Kegel

singt – sinkt

hüpft – bringt

Regal – Kranz

Forst – Klotz

Draht – Bruch

Klaus – Fritz

Übung 11

Bitte machen Sie diese Übung erst, wenn Sie die Wörter mit fünf Buchstaben in Übung 10 gleichzeitig erkennen und lesen können.

Decken Sie den Text wieder ab. Ziehen Sie das Blatt Zeile für Zeile nur für einen kurzen Moment nach unten, dann decken Sie die Zeile sofort wieder ab. Schreiben Sie die Begriffe auf und kontrollieren Sie, ob Sie beide Begriffe richtig erkannt haben.

Haben Sie Probleme, beide Wörter mit sechs Buchstaben zu erkennen? Dann gehen Sie ruhig noch einmal zu den vorherigen Übungen zurück. Es ist sinnvoll, die Übungen auf mehrere Tage zu verteilen, so haben Ihre Augen zwischendurch die Möglichkeit sich zu erholen.

Frosch – Sorgen

Drähte – Stufen

Müller – Briefe

Gebäck – Gesuch

Gegner – Tausch

saugen – rodeln

Fische – Schere

Strafe – Tische

Morgen – Margen

stinken – machen

Karten – warten

Schrei – Schafe

Übung 12

Decken Sie den Text wieder ab. Ziehen Sie das Blatt Zeile für Zeile nur für einen kurzen Moment nach unten, dann decken Sie die Zeile sofort wieder ab. Schreiben Sie auf, was Sie erkannt haben.

Rätsel – Silber

Herbst – werfen

Benzin – jemand

Rekord – Ausruf

unklar – Schnee

melden – Stunde

nehmen – Zimmer

Chemie – summen

Steuer – dehnen

Fechten – Italien

Geburt – planen

buchen – Umhang

Waggon – Besuch

Teilung – schnell

Chemie – summen

Garten – warten

Bäume – Träume

Bücher – Tücher

Der weiche Blick

Eine wichtige Voraussetzung, um die Blickspanne optimal zu erweitern, ist der sogenannte „weiche" Blick. Je schärfer Sie einen Text fixieren, umso kleiner ist der Bereich, den Sie wahrnehmen. Daher muss es Ihr Ziel sein, möglichst weich zu schauen. Am Anfang ist dieses Sehen ungewohnt, weil Sie das Gefühl haben, alles relativ unscharf wahrzunehmen. Doch das Gehirn ist trotzdem in der Lage, den Text zu erkennen und zu verstehen.

Eine Vorübung

Beginnen Sie zunächst mit einer einfachen Übung: Heben Sie Ihre Arme. Strecken Sie dann beide Arme in Augenhöhe nach vorne aus und strecken Sie Ihre beiden Daumen nach oben. Schauen Sie mit weichem Blick auf Ihre Daumennägel. Bewegen Sie dann Ihre Daumen gleichzeitig und langsam auseinander. Versuchen Sie nicht, einen der Daumen mit Ihrem Blick zu „verfolgen", sondern schauen Sie weiterhin weich geradeaus. Es muss Ihnen so vorkommen, als wenn Sie ins Leere starren.

Trotzdem sehen Sie weiterhin beide Daumen. Und genau das ist das Ziel dieser Übung. Gehen Sie mit den Daumen nur so weit auseinander, bis Sie noch beide Daumennägel ohne Probleme erkennen können. Sie werden sich wundern, wie weit Sie auseinander gehen können. Damit haben Sie schon den ersten und entscheidenden Schritt zur Erweiterung Ihres Blickfelds geschafft. Gehen Sie dann langsam wieder mit den

Daumen zur Mitte. Wiederholen Sie die Bewegungen mehrfach. Sie werden sehr schnell einen Trainingseffekt feststellen. Sie können diesen weichen Blick immer besser aushalten und gleichzeitig Ihr Blickfeld ständig erweitern.

Übung 13

Decken Sie den Text wieder ab. Setzen Sie jetzt möglichst oft den weichen Blick ein. Ziehen Sie das Blatt nur für einen kurzen Moment nach unten und schieben Sie es sofort wieder hoch. Schreiben Sie auf, was Sie erkannt haben.

unaufhaltsam

gebirgig

Gefängnistür

Sonnenschein

Mutterschutz

Examensvorbereitung

Segelschiff

Akquise

Xylofon

Yacht

Zähflüssigkeit

Zahlengedächtnis

Passant

global

Dampfschifffahrt

Bibliografie

Maklergebühr

Rhythmusgitarre

Übung 14

Bei der folgenden Übung fehlt wieder der Bindestrich als Orientierungshilfe. Halten Sie den Blick immer in der Mitte der Spalte. Decken Sie den Text wieder ab und ziehen Sie das Blatt nur für einen kurzen Moment weg.

Schreiben Sie auf, was Sie gesehen haben. Nur so können Sie Ihre Erfolge registrieren. Schreiben Sie auch etwas auf, wenn Sie das Gefühl haben, dic Information nicht oder nur unvollständig erkannt zu haben.

Es war eine blaue Zitrone.

Der Hund bellte laut.

Der Rasen war sehr kurz geschnitten.

Der Junge sitzt im Baum.

Sie lesen schnell.

Übung macht den Meister.

Glauben Sie an den Erfolg?

Trauen Sie Ihrem Gehirn!

Sein Auto stand in der Garage.

Er tanzte gern.

Es macht wirklich Spaß.

Meine Lesetechnik wird immer besser.

Was ist mit ihm passiert?

Das kann nicht sein!

Ich bin mit mir zufrieden!

Übung 15

Bitte bleiben Sie immer in der Mitte der Spalte. Sie können zur Übung mit einem Bleistift eine senkrechte Linie ziehen. Wenn der Text für Sie noch zu breit ist, können Sie auch zwei senkrechte Striche ziehen. Dann arbeiten Sie mit zwei Fixierungen pro Zeile, d. h. Sie fixieren ganz bewusst erst die linke Wortgruppe, dann die rechte. Decken Sie den Text wieder ab. Ziehen Sie das Blatt Zeile für Zeile für einen kurzen Moment vom Text. Schreiben Sie auf, was Sie gelesen haben.

Er kam schon wieder zu spät.

Das Büro war sehr hellhörig.

Sie genossen den Urlaub in Irland in vollen Zügen.

Die Grippe hatte Maria sehr geschwächt.

Der Notarzt war innerhalb von zehn Minuten da.

Das konnte nicht sein.

Der Lerneffekt war ganz enorm.

Das Pareto-Prinzip gibt es seit über 80 Jahren.

Schneller lesen macht Spaß.

Je schneller Sie lesen, umso mehr speichern Sie.

Auf das Gehirn kann man sich wirklich verlassen.

Perfektionismus ist eine typische Lesebremse.

Was sollte sie jetzt tun?

Das war die entscheidende Frage!

Diese Übungen machen Spaß!

Es ist wichtig, konzentriert zu lesen.

Das Inhaltsverzeichnis bietet Orientierung.

Übung 16

Bitte bleiben Sie immer in der Mitte der Spalte oder lesen Sie wieder mit zwei Fixierungen pro Zeile. Decken Sie den Text wieder ab. Ziehen Sie dann das Blatt nur für einen kurzen Moment weg. Schreiben Sie sofort auf, was Sie gelesen haben.

Er konnte die Spannung fühlen.

Ein Kind schrie.

Er erwachte in einem Reisebüro.

Im Garten der Familie stand ein großer Baum.

Das Pferd galoppierte über das Feld.

Das Ehepaar war seit 15 Jahren verheiratet.

Er wechselte für 3 000 000 DM den Verein.

Er wartete jetzt schon eine halbe Stunde.

Sie kam und kam nicht.

Er führte Sie in ein helles Zimmer.

Das konnte doch wirklich nicht wahr sein.

Früher war er wesentlich gelenkiger.

Brunetti kannte bereits den genauen Tathergang.

Ich bin mir sicher, dass ich richtig gelesen habe.

Es macht Spaß die Geschwindigkeit zu steigern.

Der Bundeskanzler kam ebenfalls zur Eröffnung.

Das Internet wird immer wichtiger.

Weiterbildung ist die beste Investition in die Zukunft.

Der Kritiker verriss den Film.

Sie blieb einfach sitzen.

Das Kind rief nach seiner Mutter.

Er ging noch schnell zum Bäcker.

Am Mittwoch kommt der Steuerberater.

Das Flugzeug landete mit Verspätung.

Übung 17

Lesen Sie den folgenden Text, ohne die Zeilen abzudecken. Der Text ist relativ breit. Ziehen Sie daher mit einem dünnen Bleistift zwei Orientierungslinien von oben nach unten, so dass die Zeilen gedrittelt werden. Steuern Sie Ihre Augen dann ganz bewusst und möglichst schnell mit zwei Fixierungen pro Zeile über den Text.

Die Hausratversicherung

Eine Hausratversicherung gehört zum wichtigsten Schutz.

Sie ist außerdem sehr preiswert. Allerdings schützen nur ein Viertel aller Haushalte in Deutschland ihr Hab und Gut gegen Verlust und Zerstörung, beispielsweise durch Feuer-, Leitungswasser- und Sturmschäden, sowie gegen Einbruchdiebstahl.

Erstattet wird über eine Police immer der Neuwert aller zerstörten oder entwendeten Gegenstände bis maximal zur Höhe der vereinbarten Versicherungssumme. Außerdem für beschädigte Gegenstände die notwendigen Reparaturkosten, Kosten für das Aufräumen der Schadenstelle und den Abtransport von Resten, Reparaturkosten bei Gebäudeschäden durch Einbrüche und manches mehr.

Voraussetzung ist unter anderem, dass sich der Hausrat in der auf dem Versicherungsschein angegebenen Wohnung und allen Räumen in Nebengebäuden auf demselben Grundstück befinden. Während eines Umzugs sind die Sachen sowohl in der alten als auch in der neuen Wohnung versichert. Ausgenommen vom Versicherungsschutz sind allerdings Schäden, die durch grobe Fahrlässigkeit, beispielsweise eine unverschlossene Wohnungstür oder eine unbeaufsichtigte Kerze, verursacht werden.

Übung 18

Lesen Sie den folgenden Text, ohne die Zeilen abzudecken. Der Text ist relativ breit. Ziehen Sie daher mit einem dünnen Bleistift zwei Orientierungslinien von oben nach unten. Daran können sich die Augen optimal orientieren.

Kündigungen spielen nicht nur im Arbeitsrecht eine wichtige Rolle. Auch die Beendigung von Vereinbarungen im Miet- und Vertragsrecht sind im Geschäftsleben an der Tagesordnung. Daher sollten Sie die wichtigsten rechtlichen Grundlagen bei der Beendigung von Verträgen kennen und beherrschen. Es wird zwischen zwei Arten von Kündigungen unterschieden:

Die fristgerechte Kündigung: Durch sie wird ein Vertrag erst nach Beendigung einer vertraglich oder gesetzlich festgelegten Frist beendet. Sie wird auch als ordentliche Kündigung bezeichnet.

Die fristlose Kündigung: Durch sie wird ein Vertrag mit sofortiger Wirkung beendet. Sie wird auch als außerordentliche Kündigung bezeichnet.

Eine fristlose Kündigung eines Vertrags ist nur in Ausnahmefällen möglich: Es muss ein wichtiger Grund vorliegen, der es unzumutbar macht, den Vertrag bis zum Ablauf der Kündigungsfrist fortzusetzen. Da die Gerichte strenge Maßstäbe an außerordentliche Kündigungen anlegen, sollten Sie grundsätzlich in einem Schreiben fristlos und gleichzeitig hilfsweise fristgerecht kündigen. Denn wenn die fristlose Kündigung nicht anerkannt wird, wäre die Beendigung des Vertrages sonst insgesamt unwirksam. Da Sie bei einem Prozess beweispflichtig sind, sollten Sie Ihre Kündigung grundsätzlich per Einschreiben mit Rückschein versenden. Nur so können Sie vor Gericht beweisen, dass der Vertragspartner das Schreiben fristgerecht erhalten hat.

Augentraining und Entspannungsübungen

Auf den folgenden Seiten lernen Sie einige Übungen kennen, die Sie jederzeit – auch am Arbeitsplatz – ausführen können. Viele Menschen verbringen über 70 % ihrer Arbeitszeit am Bildschirm. Diese Übungen sind gut als Ausgleich geeignet, denn Arbeit am Computer bedeutet für die Augen eine extreme Belastung.

Lockerungsübungen

Vermutlich sitzen Sie meist während Ihrer Arbeitszeit. Dabei wird die Muskulatur im Rücken, im Nacken und im Schulterbereich besonders stark beansprucht. Verspannungen sind häufig die Folge. Diese Verspannungen übertragen sich indirekt auch auf die Augenmuskulatur. Daher sollten Sie Ihre Muskulatur regelmäßig lockern. Intensives Schulterrollen ist dazu besonders gut geeignet. Rollen Sie beide Schultern zunächst vorwärts, dann rückwärts. Auch ein regelmäßiger Wechsel zwischen Stehen und Sitzen ist ideal, um die Muskulatur zwischendurch wieder zu lockern.

Blinzeln

Jedes Blinzeln bedeutet für Ihre Augen eine kurze Entspannung. Gleichzeitig wird Tränenflüssigkeit auf der Augenoberfläche verteilt. Intensive Bildschirmarbeit reduziert die Frequenz des Blinzelns. Denken Sie daher daran, die Arbeit regelmäßig kurz zu unterbrechen, um die folgende Übung durchzuführen: Schließen Sie zehn- bis 15-mal hintereinander die Augen. Achten Sie darauf, dass die Augenlider locker schließen und nicht verkrampft zugepresst werden.

Dehnübungen

Nutzen Sie Pausen und kurze Unterbrechungen, um sich zu recken, zu strecken und zu dehnen. Denken Sie dabei an eine Katze, die nach dem Schlaf aufwacht: Dieses genussvolle „Räkeln" ist wichtig, um nicht zu verspannen.

Eine andere Übung: Strecken Sie die Arme so weit wie möglich nach oben. Stellen Sie sich vor, Sie müssten nach einem Aktenordner greifen, der ganz oben im Regal steht. Diese Übung führt zu einer angenehmen Entspannung der gesamten Muskulatur.

Gähnen

Gähnen Sie regelmäßig zwischendurch, und zwar mit weit

geöffnetem Mund. Dadurch wird ihr Gehirn stärker mit Sauerstoff versorgt. Gleichzeitig wird die gesamte Gesichtsmuskulatur gedehnt und gelockert. Dies wirkt sich positiv auf die Augenmuskulatur aus.

Augenmassage

Wie gut eine professionelle Massage tut, weiß jeder, der schon einmal massiert worden ist. Die Augenmuskulatur können Sie nicht direkt aktivieren, doch Sie können indirekt eine wohltuende Entspannung erreichen. Trommeln Sie leicht mit den Fingern auf die Bereiche rund um die Augen. Schließen Sie dabei die Augen und blinzeln Sie zwischendurch. Dies bringt den größten Entspannungseffekt.

Gesichtsmassage

Massieren Sie Ihr gesamtes Gesicht. Streichen Sie mit den Fingerspitzen sanft über die Haut. Beginnen Sie mit den Augenbrauen und der Stirn. Streichen Sie immer von innen nach außen. Gehen Sie dann zu den Wangen und Ihrem Kinn. Atmen Sie während der Übung regelmäßig ein und aus. Öffnen Sie leicht Ihren Mund, damit sich auch die gesamte Kiefermuskulatur entspannen kann.

Massieren Sie dann Ihre Ohren. Etwa in der Mitte Ihrer Ohrläppchen liegt der Akupunkturpunkt für Ihre Augen. Massieren Sie daher Ihre Ohrläppchen ganz intensiv, aber leicht. Streichen Sie zum Abschluss noch einmal über Ihren Kopf und Ihr Gesicht.

Gehirnjogging

Es genügt nicht, ausschließlich die Augen zu trainieren. Die Informationen, die Ihre Augen aufnehmen, müssen im Gehirn optimal verarbeitet werden, damit Sie sie auch verstehen und speichern können. Daher finden Sie auf den folgenden Seiten Übungen, mit denen Sie Ihre Gehirnaktivität trainieren können.

Dazu sollten Sie einige Grundkenntnisse über unser Gehirn parat haben. Das Gehirn besteht aus zwei Hälften (Hemisphären), die für unterschiedliche Aufgaben zuständig sind. In der linken Hemisphäre werden digitale Informationen verarbeitet, etwa Zahlen oder abstrakte Informationen. Die rechte Gehirnhälfte ist für die Verarbeitung von Bildern, Geräuschen und Gefühlen verantwortlich.

Optimale Merkfähigkeit erreichen Sie, wenn Sie die Fähigkeiten der beiden Gehirnhälften miteinander verbinden. Hierzu müssen Sie abstrakte Informationen kreativ mit Bildern, Geräuschen und Gefühlen verbinden.

Beim normalen Lesen wird nur die linke Gehirnhälfte angesprochen. Daher fällt es uns häufig schwer, die gelesenen Informationen nach dem Lesen abzurufen. Mit der Lesetechnik in diesem Trainingsprogramm machen Sie sich schon während des Lesens eine bildliche Vorstellung. Dadurch erreichen Sie nicht nur ein hohes Lesetempo, sondern gleichzeitig eine große Merkfähigkeit.

Fordern Sie auch die „ungeliebte" Gehirnhälfte

Jeder Mensch bevorzugt eine der beiden Gehirnhälften. Diese Vorliebe wird durch den jeweiligen Typ, die Erziehung, das Schulsystem und auch durch die berufliche Tätigkeit stark beeinflusst. Umso wichtiger ist es, durch Training und gezielte Übungen beide Gehirnhälften zu aktivieren und zu koordinieren. Ein professionelles Gedächtnistraining wirkt sich auch positiv auf das Leseverhalten und auf Ihre Lesegeschwindigkeit aus.

Am einfachsten ist es, Tätigkeiten, die Sie normalerweise mit der rechten Hand ausführen, mit der linken zu machen. Nehmen Sie doch morgens mal die Zahnbürste in die linke Hand. Trinken Sie Ihren Kaffee mit links und lochen Sie Unterlagen mit der „schwachen" Hand. Für Linkshänder gilt natürlich: Öfter mal etwas mit der rechten Hand machen!

Durch diese Übungen erreichen Sie, dass die seltener aktivierte Gehirnhälfte gefordert und trainiert wird. Am Anfang ist dies ungewohnt, aber es stellt sich bald ein positiver Trainingseffekt ein.

Koordinationsübungen

Stellen Sie sich locker hin. Heben Sie den linken Arm und das rechte Bein. Bewegen Sie Arme und Beine abwechselnd über Kreuz, als wenn Sie übertrieben marschieren. Ihre rechte Hand muss das linke Knie berühren, dann die linke Hand das rechte Knie. Müssen Sie am Anfang bewusst überlegen, wie Sie die Übung ausführen? Dann ist dies ein sicheres Zeichen, dass Ihre Gehirnhälften nicht optimal koordiniert sind.

Die „Dick-und-Doof-Übung"

Setzen Sie sich locker hin, die Beine leicht gespreizt. Klatschen Sie mit beiden Handinnenflächen auf Ihre Oberschenkel. Greifen Sie dann gleichzeitig mit der rechten Hand an Ihre Nase und mit der linken Hand an Ihr rechtes Ohr. Dann umgekehrt: mit der linken Hand an Ihre Nase und mit der rechten an Ihr linkes Ohr. Diese Bewegungsabfolge wiederholen Sie ein paar Mal und steigern dabei das Tempo.

Die liegende Acht

Blinzeln Sie einige Male, schließen Sie dann die Augen und stellen Sie sich eine liegende Acht vor. Verfolgen Sie jetzt die Konturen der liegenden Acht mit Ihren Augen, ohne den Kopf zu bewegen.

Ändern Sie dabei häufiger die Richtung: Zeichnen Sie die Acht einmal von links nach rechts, dann wieder von rechts nach links. Je schneller Sie ohne Probleme den Richtungswechsel hinbekommen, umso größer ist der Trainingseffekt.

Augenentspannung

Diese Übung sollten Sie immer zum Abschluss jedes Augentrainings ausführen. Sie ist aber auch sehr gut für zwischendurch geeignet oder wenn Sie das Gefühl haben, dass Ihre Augen überanstrengt oder müde sind.
Setzen Sie sich locker und entspannt hin. Reiben Sie Ihre Handinnenflächen intensiv aneinander, bis Sie angenehm warm sind.

Bedecken Sie dann die geschlossenen Augen mit der warmen Handinnenfläche. Üben Sie keinen Druck aus. Je lockerer die Hände auf Ihren Augen liegen, umso besser. Wiederholen Sie diese Übung einige Male. Die intensivste Verdunklung der Augen erreichen Sie, wenn sich die Finger an der Stirn überkreuzen.

Der 3. Lesetest

Lesen Sie den Text auf den nächsten Seiten so schnell wie möglich. Stoppen Sie die benötigte Zeit. Beantworten Sie direkt nach dem Lesen die Fragen zum Inhalt des Textes. Damit testen Sie Ihr Textverständnis und Ihre Merkfähigkeit.

Noch einige wichtige Hinweise:

- Bitte lesen Sie den Text nur einmal!
- Kontrollieren Sie die Zeit!
- Gehen Sie *nicht* zum Text zurück, wenn Sie die Fragen beantworten!

Starten Sie jetzt Ihre Stoppuhr und beginnen Sie zu lesen!

Mit Phantasie den Überblick behalten

Zwei Faktoren sind es, die den Erfolg im Gedächtnistraining maßgeblich beeinflussen: die Konzentration, mit der Sie üben, und die Regelmäßigkeit. Vielleicht haben Sie bereits festgestellt, dass Sie mit der Konzentration keine Schwierigkeiten haben, solange die Beispiele und Phantasiegeschichten spannend und originell genug sind. Und dieser Faktor liegt ja, ebenso wie das regelmäßige Training, ganz in Ihrer Hand: Mit ein bisschen Unterstützung für Ihre inneren Bilder werden Sie schon bald eine bisher ungeahnte Flexibilität in Ihren Phantasievorstellungen und entsprechend auch in Ihren Gedächtnisleistungen entwickeln!

Wie können Sie Ihre Phantasie trainieren?

Es gibt zahlreiche Möglichkeiten, das Vorstellungsvermögen gezielt zu unterstützen. Dazu gehören ganz einfache Übungen wie etwa die folgenden:

- Sie schließen die Augen und stellen sich eine weiße Leinwand vor, auf der ein großer imaginärer Pinsel die Farbe Rot (später Blau, Gelb und so weiter) aufträgt. Wenn Sie sich dieses einfache Bild immer wieder einmal vorstellen, wird es von Mal zu Mal deutlicher und schneller vor Ihrem inneren Auge entstehen.

- Genehmigen Sie sich ab und zu einen angenehmen Tagtraum. Sie versetzen sich in Gedanken an einen schönen Ort, an einen Badestrand oder in einen blühenden Garten, und malen sich die Szenerie in allen Details aus.

- Betrachten Sie einen beliebigen Ausschnitt aus Ihrer Umgebung so genau wie möglich, schließen

Sie dann die Augen und malen Sie in Ihrer Vorstellung ein detailgetreues Bild nach.

Versuchen Sie bei diesen Vorschlägen, alles so plastisch wie möglich zu sehen. Je schärfer Ihr Blick für die Kleinigkeiten wird, umso schneller und exakter werden die Phantasiebilder vor Ihrem inneren Auge entstehen, die Sie für Ihre Verknüpfungen beim Gedächtnistraining brauchen!

Welche Vorteile haben Bilder?

Vielleicht ist es Ihnen schon einmal aufgefallen, dass Bilder häufig sehr viel einprägsamer wirken und in vielen Situationen mehr Informationen vermitteln als „nüchterne“ Worte. Nicht von ungefähr meint ja auch der Volksmund: „Ein Bild sagt mehr als tausend Worte.“

Beispiel

Stellen Sie sich einmal vor, Sie haben in der Rubrik „Partnersuche“ annonciert und öffnen jetzt Ihre Zuschriften:

Im ersten Brief finden Sie eine ausführliche Beschreibung: „Ich bin 1,80 groß und wiege 70 Kilo. Meine Augen sind braun, die Haare dunkelblond und ich trage sie gerne etwas länger als andere. Ich habe ein fröhliches Wesen, bin sportlich und gehe gerne tanzen ...“

Im zweiten Brief liegt nur eine kurze Nachricht und ein Foto, auf dem der Absender zu sehen ist; fröhlich lachend läuft er an einem Strand entlang.

Mit großer Wahrscheinlichkeit wird Sie das Foto mehr ansprechen: Sie erkennen auf einen Blick, wie der Absender aussieht, Sie erfassen mehr Details in kürzerer Zeit als bei der verbalen Beschreibung.

So können auch Sie in einem Bild viele verschiedene Einzelheiten abspeichern. Wenn Sie sich komplexere Sachverhalte einprägen wollen, genügt auch hier wieder jeweils ein einziges Bild als Informationsträger, das Sie sich kurz und konzentriert auf Ihrer inneren Leinwand vorstellen.

Übung: Sätze im Gedächtnis behalten

Prägen Sie sich die folgenden Sätze so ein, dass Sie sie anschließend sinngemäß wiedergeben können. Lesen Sie sie und stellen Sie sich dabei bildlich vor, was dort beschrieben ist.

- Das Meer ist an dieser Stelle fünf Meter tief.
- Die neue Limonadensorte kommt bei den Kunden hervorragend an.
- Die Rindfleischpreise in Südafrika sind in den letzten Monaten konsequent gestiegen.
- Das Surfen auf dem Baggersee macht bei Ostwind am meisten Spaß.
- Der Leiter der Werbeabteilung hat seit letzter Woche einen anderen Dienstwagen.
- Die neue Telefonanlage funktioniert immer noch nicht.

- Das städtische Planungsamt verhindert den Ausbau des Firmenparkplatzes.

Wichtig ist bei dieser Art von Gedächtnistraining auch, dass Sie sich nicht selbst unter irgendeine Form von Leistungsdruck setzen: Ihre spontanen Assoziationen sind genau die richtigen – weil es Ihre eigenen sind.

Mit ein wenig Konzentration und lebhaften Phantasiebildern sind diese sieben Sätze sicherlich kein Problem mehr für Sie. Denken Sie daran, dass die Akteure in Ihrem inneren Film möglichst lebendig und aktiv dargestellt werden!

Wie Sie sich auch abstrakte Begriffe merken

Grundsätzlich lassen sie sich natürlich genauso merken wie konkrete Gegenstände oder Erledigungen. Nur ist die Vorarbeit ein wenig aufwändiger: Sie müssen den Begriff nämlich in irgendeiner Form mit etwas Konkretem in Verbindung bringen, das Sie dann ersatzweise in Ihrer Phantasiegeschichte bildhaft darstellen können.

Beispiel

Sie wollen sich den Begriff „Motivation“ einprägen. Wodurch lassen Sie sich motivieren, etwas zu tun? Das könnte z. B. der Anreiz einer Gehaltserhöhung sein – also stellen Sie sich konkret vor, dass auf Ihrem nächsten Gehaltszettel höhere Zahlen stehen, die in buntem Fettdruck und mit einer besonders schönen Schrift hervorgehoben sind ...

Wagen Sie sich nun selbst an eine kleine Liste mit abstrakten Bezeichnungen, und setzen Sie Ihre ganze Konzentration und Phantasie dafür ein.

Übung: Abstrakte Begriffe

„Übersetzen" Sie die folgenden Begriffe in phantasievolle konkrete Bilder, die Sie sich dann ersatzweise einprägen.

- Bruttosozialprodukt
- Ehre
- Begabung
- Seele
- Verlust

Wenn Sie sich diese fünf Begriffe einprägen können, haben Sie schon sehr viel gelernt: Der Schritt vom Konkreten zum Abstrakten ist bereits eine Aufgabe für geübte Gedächtnisspezialisten. Mit dem bildhaften Umsetzen und Abspeichern von Handlungsketten ist auf jeden Fall schon einmal eine große Vereinfachung vollzogen. Sie erlaubt es Ihnen, größere Mengen von einzelnen Punkten verschiedenster Art durch jeweils spezifische Verknüpfungen (man könnte sie auch als „Eselsbrücken" bezeichnen) dauerhaft und zuverlässig im Gedächtnis behalten. Wer in Bildern denkt, vergisst nichts!

Quelle: TaschenGuide Memory

Notieren Sie hier Ihre Lesezeit in Sekunden: __________

Was haben Sie sich gemerkt?

Frage 1

Welche beiden Faktoren beeinflussen den Erfolg im Gedächtnistraining maßgeblich?

- ❒ viel Wasser trinken, um das Blut flüssig zu halten
- ❒ die Ernährung
- ❒ die Regelmäßigkeit, mit der Sie üben
- ❒ die Sauerstoffzufuhr während des Lernens
- ❒ die Versorgung mit Vitaminen
- ❒ ausgiebige Pausen zwischen den Lernphasen machen, um dem Gehirn neben der Anstrengung auch Ruhe zu gönnen
- ❒ die Konzentration, mit der Sie üben
- ❒ die ausreichende Versorgung mit Traubenzucker

Frage 2

Wie groß ist der Mensch, der im ersten Antwortbrief auf die Annonce beschrieben wird?

- ❒ 1,70 Meter
- ❒ 1,75 Meter
- ❒ 1,80 Meter
- ❒ 1,85 Meter
- ❒ 1,90 Meter
- ❒ 1,95 Meter

Frage 3

Wie schwer ist der Mensch, der im ersten Antwortbrief auf die Annonce beschrieben wird?

- ❐ 60 Kilo
- ❐ 65 Kilo
- ❐ 70 Kilo
- ❐ 75 Kilo
- ❐ 80 Kilo
- ❐ 85 Kilo

Frage 4

Was tut der Mensch auf dem Foto, das dem zweiten Antwortbrief beiliegt?

- ❐ im Fitnessstudio trainieren
- ❐ einer Gruppe einen Witz erzählen
- ❐ mit einem Hund spielen
- ❐ die Aussicht auf einem Berg genießen
- ❐ fröhlich lachend am Strand entlanglaufen
- ❐ dem Fotografen zuprosten
- ❐ Tennis spielen
- ❐ auf einer Party tanzen

Frage 5

Wie tief ist das Meer an der beschriebenen Stelle?

- ❐ einen Meter
- ❐ fünf Meter
- ❐ zehn Meter
- ❐ hundert Meter

Frage 6

Was hat sich bei dem Leiter der Werbeabteilung seit letzter Woche geändert?

- ❒ ein neues Handy
- ❒ er trägt jetzt eine Rolex
- ❒ ein anderer Dienstwagen
- ❒ er hat sich scheiden lassen

Frage 7

Welche der folgenden Aussagen treffen zu?

- ❒ Das Merken von abstrakten Begriffen funktioniert nach einem ganz anderen System.
- ❒ Das Merken von abstrakten Begriffen ist wesentlich leichter als das Merken von konkreten Begriffen.
- ❒ Grundsätzlich lassen sich abstrakte Begriffe genauso merken wie konkrete Gegenstände oder Erledigungen.
- ❒ Beim Merken von abstrakten Begriffen muss man diese in irgendeiner Form mit etwas Konkretem in Verbindung bringen, das man dann ersatzweise in der Phantasiegeschichte bildhaft darstellen kann.

Frage 8

Welche der folgenden abstrakten Begriffe wurden in dem Text genannt?

- ❒ Zeitgewinn
- ❒ Bruttosozialprodukt
- ❒ Ehre
- ❒ Liebe
- ❒ Bedingung
- ❒ Seele
- ❒ Begabung
- ❒ Wissen
- ❒ Gewinn
- ❒ Verlust
- ❒ Wärme
- ❒ Intelligenz

Die richtigen Antworten zum 3. Lesetest

Notieren Sie bitte in der Spalte rechts für jede richtige Antwort einen Punkt!

Frage 1	Punkte
✓ die Regelmäßigkeit, mit der Sie üben	______
✓ die Konzentration, mit der Sie üben	______
Frage 2	
✓ 1,80	______
Frage 3	
✓ 70 Kilo	______
Frage 4	
✓ fröhlich lachend am Strand entlanglaufen	______
Frage 5	
✓ fünf Meter	______
Frage 6	
✓ er hat einen anderen Dienstwagen	______
Frage 7	
✓ Grundsätzlich lassen sich abstrakte Begriffe genauso merken wie konkrete Gegenstände oder Erledigungen.	______

✓ Beim Merken von abstrakten Begriffen muss man diese in irgendeiner Form mit etwas Konkretem in Verbindung bringen, das man dann ersatzweise in der Phantasiegeschichte bildhaft darstellen kann. ______

Frage 8

✓ Bruttosozialprodukt ______

✓ Ehre ______

✓ Begabung ______

✓ Seele ______

✓ Verlust ______

Gesamtpunktzahl (maximal 14 Punkte) ______

Wie viele Punkte haben Sie erreicht?

❒ 1 entspricht 7 %
❒ 2 entspricht 14 %
❒ 3 entspricht 21 %
❒ 4 entspricht 29 %
❒ 5 entspricht 36 %
❒ 6 entspricht 43 %
❒ 7 entspricht 50 %
❒ 8 entspricht 57 %
❒ 9 entspricht 64 %
❒ 10 entspricht 71 %
❒ 11 entspricht 79 %
❒ 12 entspricht 86 %
❒ 13 entspricht 93 %
❒ 14 entspricht 100 %

So ermitteln Sie Ihre Lesegeschwindigkeit

1 Notieren Sie die Lesezeit in Sekunden.

2 Teilen Sie die Anzahl der Wörter des Textes durch die Sekunden.

3 Multiplizieren Sie das Ergebnis mit 60.

Formel:

863 Wörter : _____ Sekunden = _____ Wörter / Sekunde

_____ Wörter / Sekunde × 60 Sekunden = _____ Wörter / Minute

Ihr Ergebnis: _____ Wörter pro Minute (WpM)

Steigerung Ihrer Lesegeschwindigkeit

1. Schritt

Tragen Sie die Ergebnisse des 2. und des 3. Tests hier ein:

Ihr Ergebnis im 2. Test (Seite 40): ______ WpM
Ihr Ergebnis in diesem 3. Test: ______ WpM

2. Schritt:

Teilen Sie das Ergebnis im 3. Test durch das des 2. Tests:
3. Test: ______ WpM : 2. Test ______ WpM = ______

3. Schritt:

Ziehen Sie von diesem Ergebnis 1 ab: ______ – 1 = ______

4. Schritt:

Multiplizieren Sie das Ergebnis aus dem 3. Schritt mit 100:

_______ × 100 = _______

Dieser Wert entspricht der Steigerung Ihrer Lesegeschwindigkeit in Prozent!

Das Unterbewusstsein liest mit!

Ihr Unterbewusstsein nimmt Informationen direkt über das Auge auf, ohne dass Sie diese bewusst verarbeiten müssen. Dieser Vorteil wird häufig unterschätzt. Ziel der folgenden Übungen ist es daher, Ihnen zu zeigen, wie viele Informationen Sie beim schnellen Lesen aufnehmen. Wenn Sie diese positive Erfahrung gemacht haben, sind Sie in eine völlig neue Dimension des Lesens vorgestoßen. Führen Sie die folgenden Übungen daher möglichst intensiv durch.

Übung 19

Decken Sie die Zahlen mit einer Karteikarte oder einem Blatt Papier ab. Ziehen Sie das Blatt zeilenweise nur für einen kurzen Moment herunter und schieben Sie es dann sofort wieder hoch. Schreiben Sie anschließend die Zahl auf. Nur so können Sie Ihre Erfolge registrieren. Schreiben Sie auch dann etwas auf, wenn Sie das Gefühl haben, die Information nicht oder nur unvollständig erkannt zu haben.

74

77

42

97

55

41

58

17

12

11

82

61

94

45

87

89

17

19

16

46

53

71

89

Übung 20

Decken Sie die Zahlen mit einer Karteikarte oder einem Blatt Papier ab. Ziehen Sie das Blatt zeilenweise nur für einen kurzen Moment herunter und schieben Sie es dann sofort wieder hoch. Schreiben Sie anschließend die Zahl auf.

234

568

342

947

555

941

658

157

123

111

357

914

611

332

415

927

643

871

Übung 21

Führen Sie dieselbe Übung nun mit vierstelligen Zahlen aus.

1234

5678

3482

5947

5145

9481

7193

8463

9162

3000

6584

1567

1235

9571

5482

6581

3279

6591

1338

7276

Übung 22

Decken Sie die Zeilen wie in den vorigen Übungen ab und nur für einen sehr kurzen Moment auf. Schreiben Sie anschließend die Zahl, die Sie erkannt haben, auf ein Blatt Papier.

12345

65824

86157

95847

51625

68954

99948

96777

65227

95688

31519

56465

21211

49215

91543

Hatten Sie schon ein „Aha-Erlebnis"? Dies waren nur vier- und fünfstellige Zahlen, die Übungen können Sie mit bis zu achtstelligen Zahlen ausführen! Gehen Sie ganz bewusst bis an die Grenze des Möglichen und vielleicht sogar – je nachdem wie gut Ihr fotografisches Gedächtnis trainiert ist – ein wenig darüber hinaus. Versuchen Sie nicht bei den längeren Zahlen die Reihenfolge der Ziffern mit der inneren Stimme zu lernen: 1-5-2-8-9

Es geht gerade darum zu erfahren, dass Informationen auch aufgenommen werden, wenn sie nicht bewusst mit der inneren Stimme verarbeitet wurden. Achten Sie deshalb auf folgende Punkte:

- Konzentrieren Sie sich,
- nehmen Sie das Bild der jeweiligen Zahl als Ganzes auf,
- schließen Sie die Augen (das muss nicht sein, hilft aber vielen)
- und schreiben Sie die Zahl sofort auf.

Es ist besonders wichtig, die Zahl zu notieren, ohne auch nur den Bruchteil einer Sekunde zu zögern. Während dieser Verzögerung würden Sie versuchen, die Zahl bewusst zu verarbeiten. Dies ist bei langen Zahlen schwierig. Schreiben Sie das Bild auf, das Sie vor Ihrem geistigen Auge haben – auch wenn Sie unsicher sind.

Gelegentlich tauchen Zahlendreher auf oder Sie merken, dass immer die letzten beiden Stellen fehlen. Dann ist ihr Blick noch nicht richtig mittig ausgerichtet. Ziehen Sie in diesem Fall vor der Übung mit einem dünnen Bleistift eine Mittellinie.

Trainieren Sie immer wieder mit diesen Übungen. Auf diese Weise können Sie Ihre Blickspanne erweitern. Gleichzeitig verbessern Sie Ihre Konzentrationsfähigkeit.

■ *Beginnen Sie die Übungen immer auf einer niedrigen Stufe, etwa Kolonnen mit vierstelligen Zahlen. Dies ist eine ideale Aufwärmübung. Tasten Sie sich dann langsam an Ihr Optimum heran. Überfordern Sie sich dabei nicht. Gleichzeitig sollten Sie allerdings immer die Herausforderung suchen. Nur so werden Sie besser!* ■

Übung 23

Decken Sie die Zeilen wie in den vorigen Übungen ab und nur für einen sehr kurzen Moment auf. Schreiben Sie nach jeder Zeile die Zahl auf ein Blatt Papier.

11824

57512

67895

56457

51587

65325

98471

55112

51518

73482

21233

49782

56674

31824

Übung 24

Decken Sie die Zeilen wie in den vorigen Übungen ab und nur für einen sehr kurzen Moment auf. Schreiben Sie die Zahl nach jeder Zeile auf ein Blatt Papier.

171824

575152

678945

564257

515847

968471

555112

515148

565954

257357

587569

325686

123457

666564

754123

329671

417627

223347

845832

Übung 25

Decken Sie die Zeilen wie in den vorigen Übungen ab und nur für einen sehr kurzen Moment auf. Schreiben Sie die Zahl nach jeder Zeile auf ein Blatt Papier.

1548795

1264879

7354895

1254897

4567841

9584715

5148474

2457891

5241584

1359874

6898947

3184795

4503721

9556888

1253897

3594352

1342059

2081143

Übung 26

Decken Sie die Zeilen wie in den vorigen Übungen ab und nur für einen sehr kurzen Moment auf. Schreiben Sie die Zahl nach jeder Zeile auf ein Blatt Papier.

44556677

12345678

15468794

35684794

65848753

12569845

23568479

54684751

59212632

12548795

16948657

13135448

51564847

95759675

69731564

98231987

44397819

21557830

Schaffen Sie optimale Rahmenbedingungen

Thema dieses Kapitels ist, wie Sie ein optimales Umfeld schaffen und wie Sie Ihr Leseverhalten den Leseinhalten anpassen können. Außerdem erfahren Sie, wie Sie mit sehr umfangreichen Texten schnell und effizient zurande kommen.

Das Lesen richtig organisieren

Wir haben uns bisher ausschließlich mit der Lesetechnik beschäftigt und Ihnen Übungen zum Training Ihrer Lesegeschwindigkeit gezeigt. Wesentlich für effizientes und schnelles Lesen ist darüber hinaus ein optimales Umfeld während Sie lesen. Folgende Faktoren sind dabei wichtig:

- der Zeitpunkt des Lesens
- die Auswahl des Lesestoffs
- die Organisation Ihres Arbeitsplatzes
- die Vorbereitungen
- das Ziel des Lesens

Der Zeitpunkt des Lesens

In Zeitmanagement-Seminaren wird leider noch immer vermittelt, das Lesen gehöre zu den typischen „Routinearbeiten". Die Trainer empfehlen daher, in leistungsschwächeren Phasen des Tages zu lesen.

Häufig wird aufgrund dieser Empfehlung in den Phasen des Tages gelesen, in denen die Konzentration und die Leistungsfähigkeit auf einem Tiefpunkt sind – etwa nach der Mittagspause. Reservieren Sie sich für das Lesen lieber Zeiten, in denen die folgenden vier Voraussetzungen erfüllt sind:

1 wenig Störungen

2 keine Ablenkungen

3 hohe Leistungsfähigkeit
4 maximale Konzentration

Es gibt keine allgemeingültige Empfehlung für den richtigen Zeitpunkt. Er hängt auch von Ihrem individuellen Biorhythmus ab. Sie kennen Ihre leistungsfähigsten Zeiten selbst am besten. Auch die Zeiträume, in denen Sie am wenigsten gestört werden, können nur Sie selbst festlegen.

Telefonate, Besucher, Aufträge Ihres Chefs, der Posteingang – all diese Tätigkeiten gehören natürlich zu Ihren Aufgaben und müssen perfekt erledigt werden. Aber sie stören den Lesevorgang, weil Sie ständig abgelenkt werden. Versuchen Sie daher, zwei bis drei Zeiträume zu finden, in denen Sie wenig gestört werden und gleichzeitig leistungsfähig sind. Diese Zeitblöcke müssen nicht länger als 15 Minuten sein.

Die Auswahl des Lesestoffs

Häufig wird der gesamte Lesestoff unstrukturiert und unvorbereitet „konsumiert". Das kostet unnötig Zeit. Sortieren Sie den Lesestoff vorher. Diese Zeit ist nicht verloren, sondern gut investiert: Die Vorbereitung wirkt sich positiv auf die Lesegeschwindigkeit und die Merkfähigkeit aus. Bilden Sie mehrere Stapel mit gleichem Lesestoff:

- Briefe
- Zeitschriften
- Konzepte
- Protokolle

Arbeiten Sie die verschiedenen Stapel nacheinander ab. Sie werden rasch merken, dass Sie gleiche oder ähnliche Texte schneller lesen können.

Wie Sie Ihre Post effizient bearbeiten

Ein einfaches Beispiel ist die Postbearbeitung. Dabei werden häufig einige typische Fehler gemacht:

- Das Lesen der täglichen Post wird in leistungsschwache Phasen – etwa nach dem Mittagessen – gelegt. Durch die geringe Konzentrationsfähigkeit dauert die Bearbeitung um bis zu 50 % länger als nötig. Die Postbearbeitung wird durch Telefonate oder Besucher unterbrochen.
- Briefe werden komplett gelesen. Dies ist aber in der Regel nicht notwendig: Es müssen nur die wichtigen Informationen erfasst werden, um dann zu entscheiden, was veranlasst werden muss.
- Die Konsequenzen aus dem Lesen werden nicht sofort getroffen. Dies führt dazu, dass der Brief noch einmal gelesen werden muss.

Beachten Sie die folgenden Tipps:

1. Bearbeiten Sie die Post in leistungsstarken Phasen ohne viele Störungen.
2. Lesen Sie die Briefe nicht komplett. Versuchen Sie möglichst schnell die wichtigsten Informationen zu erfassen, indem Sie den Absender, das Betreff, fett gedruckte Ele-

mente und den Schluss lesen. In 90 % aller Fälle wissen Sie jetzt, was zu tun ist.

3 Treffen Sie dann sofort eine Entscheidung:
   - Markieren Sie wichtige Passagen.
   - Machen Sie einen Bearbeitungsvermerk.
   - Legen Sie den Brief sofort ab. Nutzen Sie dazu Ablagekörbe auf dem Schreibtisch.
   - Werfen Sie den Brief in den Papierkorb, wenn er unwichtig ist.

Durch diese einfachen Tipps sparen Sie viel Zeit und steigern Ihre Lesegeschwindigkeit um bis zu 65 %.

Was für die Postbearbeitung richtig ist, gilt auch für andere Texte. Bearbeiten Sie gleiche oder ähnliche Unterlagen in Blöcken nacheinander. Diese Technik bedeutet eine enorme Zeitersparnis.

Organisation des Arbeitsplatzes

Die Gestaltung Ihres Arbeitsplatzes wirkt sich stark auf das Leseverhalten und auf die Lesegeschwindigkeit aus. Allein die Lesetechnik zu verbessern, ist erst der halbe Weg zum effizienteren Lesen. Drei Faktoren sind besonders wichtig:

- Stimmen die Lichtverhältnisse?
- Werden Sie durch Lärm, Unruhe oder bewegte Bilder in der Nähe abgelenkt?
- Können Sie sich in Ihrem Umfeld konzentrieren?

Stimmen die Lichtverhältnisse?

Ungünstige Lichtverhältnisse am Arbeitsplatz können die Lesegeschwindigkeit stark beeinträchtigen. Sorgen Sie deshalb unbedingt dafür, dass Sie an Ihrem Arbeitsplatz optimale Lichtverhältnisse haben: Das Licht muss blendfrei sein, intensiv und darf keine Schatten werfen.

Zusätzlich zur normalen Deckenbeleuchtung sollten Sie eine gute Schreibtischlampe an Ihrem Arbeitsplatz haben, die Sie stufenlos verstellen können. Gut geeignet ist Halogenlicht, da es besonders lichtstark ist. Ideal sind Lampen, die Sie mit Hilfe eines Dimmers oder Schiebeschalters stufenlos regeln können. So ist gewährleistet, dass Sie das Licht Ihren Bedürfnissen individuell anpassen können.

Die Lichtquelle muss gut abgeschirmt sein, damit der Lichtstrahl nicht in Ihre Augen scheint und blendet. Richten Sie den Lichtstrahl direkt auf den Text, damit keine Schatten entstehen.

Werden Sie durch Ihr Umfeld abgelenkt?

Kein Büro ist ein stilles Kämmerlein, wo man konzentriert und ohne jede Ablenkung arbeiten könnte. Ständig klingelt ein Telefon, Kollegen schwirren im Büro herum oder unterhalten sich, der Hausmeister muss gerade mal am Heizkörper schrauben, usw. Versuchen Sie dennoch Geräusche und visuelle Ablenkungen möglichst zu reduzieren – es gibt immer mal ruhigere Zeiten.

Der wichtigste Ablenkungsfaktor ist ein hoher Geräuschpegel, oft laufen sogar Radios am Arbeitsplatz. Viele unserer Seminarteilnehmer empfinden Musik am Arbeitsplatz nicht als Ablenkung. Wissenschaftliche Untersuchungen zeigen allerdings, dass die Konzentration erheblich beeinflusst wird – die Lesegeschwindigkeit wird dadurch deutlich herabgesetzt. Das Gleiche gilt für alle anderen Geräusche: ob der Drucker surrt, sich Kollegen im selben Raum unterhalten, das Telefon klingelt oder „Laufkundschaft" in den Raum kommt.

Doch nicht nur Geräusche stören, auch Bewegungen, die Sie nur aus den Augenwinkeln wahrnehmen, beeinträchtigen die Konzentrationsfähigkeit. Störfaktor Nummer eins ist hier der Computer. Sorgen Sie dafür, dass während des Lesens ein Bildschirmschoner eingestellt ist, damit Sie nicht abgelenkt werden. Fliegende Toaster, Fische oder bewegliche Texte sind jedoch völlig ungeeignet. Am besten ist ein schwarzer Bildschirmschoner ohne bewegliche Elemente.

■ *Schalten Sie den Bildschirm für die Lesezeit am besten komplett aus. Das vermeidet Ablenkungen und spart außerdem Strom.* ■

Konzentrieren Sie sich

Je konzentrierter Sie lesen, umso effektiver ist die Lektüre. Denn: Lesegeschwindigkeit und Merkfähigkeit werden durch die Konzentration erheblich beeinflusst. Achten Sie daher darauf, dass Sie sich vor dem Lesen kurz entspannen und konzentrieren. Lesen Sie nicht zu lange. Ideal sind kurze Blöcke von maximal 15 Minuten. Untersuchungen haben gezeigt, dass die Konzentration danach schon um 60 % nachlässt. Lesen Sie lieber häufiger für kurze Zeit als einmal am Tag zwei Stunden lang an einem Stück! Nach neuesten Untersuchungen sinkt die Konzentration bereits nach etwa 20 Minuten um mehr als 40 %.

- *Ideal sind mehrere kurze Lektüreblöcke von etwa 15 Minuten, die über den Tag verteilt werden. Für schwierige Texte sollten Sie Zeiten reservieren, in denen Sie besonders leistungsfähig sind. Gleichzeitig sollten Störungen – etwa Besuche oder ein klingelndes Telefon – so weit wie möglich reduziert werden.*

Bereiten Sie sich auf das Lesen vor

Sorgen Sie dafür, dass Sie während des Lesens möglichst nicht gestört werden. Erläutern Sie auch Ihrem Chef und Ihren Kollegen, was für ein effizientes Lesen wichtig ist. Viele Führungskräfte und Mitarbeiter sind an dem Thema „Schneller lesen" interessiert. Außerdem entwickeln sie mehr Verständnis für Ihre Arbeitsweise.

- Bereiten Sie alles so vor, dass Sie den Lesevorgang nicht unterbrechen müssen.
- Achten Sie darauf, dass Sie die Textsorten nicht ständig wechseln. Legen Sie dazu Ihre Ablagekörbe und Mappen so zurecht, dass Sie die Unterlagen direkt einsortieren können.
- Gewöhnen Sie sich an, jedes Schriftstück nur einmal anzufassen und nur einmal zu lesen. Treffen Sie dann direkt eine Entscheidung, was damit passieren muss.

- Es ist sinnvoll, auch ein Ablagekörbchen für Kopien einzurichten. Das gilt vor allem für Fachbeiträge, die Sie für sich kopieren möchten. Gelbe Klebezettel sind sinnvoll, um die Seiten zu markieren.
- Fangen Sie erst an zu lesen, wenn alles optimal vorbereitet ist.

Warum lesen Sie einen Text?

Überlegen Sie sich vorher, warum Sie einen Text lesen. Die Ziele können sehr unterschiedlich sein: Sie wollen sich informieren, weiterbilden, eine Entscheidung vorbereiten, den Überblick bewahren, nach bestimmten Details suchen.

Warum auch immer Sie einen Text lesen: Das Ziel, das Sie damit verfolgen, bestimmt die Art, wie Sie den Text lesen sollten. Wenn Sie nach dem Lesen eine Entscheidung treffen möchten, müssen Sie aufmerksamer und vollständiger lesen, als wenn Sie sich nur einen Überblick verschaffen wollen. Wenn Sie in einem Artikel oder einem Buch ein Detail finden möchten, werden Sie schneller lesen, als wenn Sie sich über die Möglichkeiten einer neuen Software informieren.

Überlegen Sie sich Ihr Ziel vorher genau. Manchmal ist es sogar sinnvoll, das Ziel schriftlich festzuhalten und die Ergebnisse während des Lesens sofort zu notieren. Manchmal reicht es auch, die entsprechenden Textstellen mit farbigen Textmarkern zu markieren, und wenn Sie Ihr Gedächtnis und Ihre Lesetechnik ausreichend trainiert haben, werden Sie die Informationen auch sofort dauerhaft im Gedächtnis speichern.

Die folgenden Fragen helfen Ihnen, in Zukunft zielorientiert zu lesen und sich auf das Wesentliche zu konzentrieren:

- Was erwarte ich von der Lektüre?
- Worum geht es generell in dem Text?
- Welche Informationen sind besonders wichtig?
- Welche Konsequenzen hat die Lektüre?
- Was muss ich als nächstes tun?
- Was müssen andere als nächstes tun?
- Was muss veranlasst werden?

Wenn Sie mit diesen Fragen im Hinterkopf lesen, werden Sie effektiver lesen. Außerdem bringt das zielorientierte Lesen immer eine höhere Konzentration mit sich. Nutzen Sie diesen positiven Effekt!

Für jedes Leseziel die richtige Lesestrategie

Einer der wichtigsten Schritte auf dem Weg zum erfolgreichen Schnellleser liegt darin zu verstehen, dass Sie nicht mit den Augen, sondern mit Ihrem Gehirn lesen. Der Autor eines Informationstextes schreibt nicht Wörter um ihrer selbst willen, er will vielmehr eine Idee oder Zusammenhänge darstellen. Der Leser eines solchen Textes will in erster Linie eben diese Zusammenhänge aufnehmen. Es geht ihm nicht darum, jedes Wort zu lesen oder jedes Wort mit der inneren Stimme mit zu formulieren. Er will nur den Sinn erfassen.

Machen Sie sich ein Bild vom Text

Im Idealfall, können Sie sich schon während des Lesens eines Textes ein Bild von den Inhalten machen. Unser Gehirn ist extrem leistungsfähig, wenn abstrakte Informationen mit Bildern verbunden werden und dadurch beide Gehirnhälften am Merkprozess beteiligt werden. Machen Sie sich ein Bild von dem, was der Autor meint. Wenn Sie dieses Bild oder einen kleinen Film vor Ihrem geistigen Auge haben, erreichen Sie ein tieferes Verständnis des Textes und Sie können ihn sich leichter merken. Das Gehirn kann Bilder wesentlich besser und schneller speichern, als abstrakte Informationen.

Diesen Effekt können Sie weiter verstärken, indem Sie die Informationen während des Lesens verarbeiten. Diese Fragen helfen Ihnen dabei:

- „Sehe ich das genau so?"
- „Was weiß ich bereits darüber?"
- „In welchen Gesamtzusammenhang gehört das?"
- „Habe ich etwas Ähnliches schon einmal erlebt?"
- „Wo sind Widersprüche?"

Sie beschäftigen sich nicht mehr damit, die einzelnen Wörter zu lesen. Sie konzentrieren sich wesentlich intensiver darauf, den Sinn zu erfassen. Dadurch steigern Sie die Leseeffektivität ganz enorm.

So lesen Sie Gedanken

In vielen Texten sind Wörter und Sätze zu Absätzen zusammengefasst. Normalerweise beginnt ein neuer Absatz, wenn ein neuer Gedanke aufgegriffen wird. Oft reicht es aus, sich nur so lange mit einem Absatz zu beschäftigen, bis man den Kerngedanken des Absatzes erfasst hat. Dann kann man zum nächsten Absatz übergehen.

Achten Sie auf die Denkrichtung

Sind die Absätze sehr lang oder gar keine Absätze zu finden, können Sie mit folgendem Trick arbeiten: Sie haben einen Kerngedanken erfasst und lesen weiter. Achten Sie jetzt auf bestimmte Wortgruppen!

Wörter wie „und", „des Weiteren", „außerdem", „zusätzlich" oder „genauso" zeigen Ihnen an, dass der Kerngedanke beibehalten wird und die Denkrichtung sich nicht ändert. Solange Sie solche „Geradeauswörter" finden, können Sie beruhigt den Turbogang einlegen und schnell zusätzliche Aspekte zum Kerngedanken aufnehmen.

Tauchen Wörter wie „aber", „trotzdem", „jedoch", „hingegen" oder „dennoch" auf, ändert sich die Denkrichtung. Ein anderer Aspekt kommt ins Spiel oder ein anderer Standpunkt wird erläutert.

Für Sie als erfahrenen Schnellleser bedeutet dies: Lesegeschwindigkeit kurzzeitig reduzieren, die neue Denkrichtung, den neuen Kerngedanken erfassen und dann das Tempo wieder steigern. Mit diesen variablen Techniken steigern Sie die

Lesegeschwindigkeit und erhöhen vor allem die Merkfähigkeit der gelesenen Informationen.

Der Königsweg beim Lesen umfangreicher Texte

Längere Texte oder ein Buch zu lesen erfordert andere Strategien als das Lesen kurzer Texte. Mit der folgenden Technik erreichen Sie eine sehr hohe Lesegeschwindigkeit und eine ausgezeichnete Merkfähigkeit umfangreicher Texte. Mit dieser effizienten Lesetechnik arbeiten Sie in drei Schritten:

1. Verschaffen Sie sich einen Überblick.
2. Lesen Sie den Text so schnell wie möglich.
3. Aktivieren Sie nach dem Lesen Ihr Wissen.

1. Überblick verschaffen

Folgende Elemente helfen Ihnen, sich schnell einen Überblick über den Inhalt eines Buches zu verschaffen:

- Klappentext
- Inhalts- und Stichwortverzeichnis
- Überschriften
- Fett gedrucktes
- Checklisten und Merksätze
- Grafiken und Illustrationen

- Kapitel- und Zwischenüberschriften
- Zusammenfassungen

Bei einem *TaschenGuide*, wie Sie ihn gerade in Händen halten, schauen Sie sich beispielsweise zuerst die Kurzbeschreibung auf der Rückseite an. Dann lesen Sie das Vorwort und das Inhaltsverzeichnis. Blättern Sie nun das gesamte Büchlein einmal komplett durch.

Für diesen Überblick benötigen Sie etwa drei bis vier Minuten. Beim Durchblättern nehmen Sie sich pro Seite eine Sekunde Zeit, um Sie sich anzusehen. Sie werden beim Überblick feststellen, dass bestimmte Kapitel oder Überschriften Ihr Interesse wecken. Sie müssen dann der Versuchung widerstehen, jetzt schon anzufangen zu lesen und tiefer in das Thema einzusteigen.

In der Phase des Überblicks verfolgen Sie drei Ziele:

1. Struktur und Aufbau des Textes erkennen.
2. Das Gehirn auf das Thema einstimmen.
3. Entscheiden, was Sie lesen oder nicht lesen.

Nach diesem Überblick können Sie leicht entscheiden, ob Sie den Text lesen wollen, oder ob er für Sie unwichtig ist.

Wenn Sie sich entschieden haben den Text zu lesen, müssen Sie nun Ihr Leseziel definieren. Schreiben Sie sich dazu einige zentrale Begriffe auf, die in dem Text behandelt werden. Überlegen Sie sich genau, warum Sie den Text lesen wollen und welche Informationen Sie interessieren.

„Ganz nebenbei" strukturieren Sie das Thema auf diese Weise. Sie können beim folgenden schnellen Lesen die einzelnen Bausteine sofort in den Gesamtzusammenhang einordnen und wissen, welche Themen noch behandelt werden. Dadurch erreichen Sie eine wesentlich höhere Merkfähigkeit.

2. Schneller lesen

Nun können Sie anfangen zu lesen. Lesen Sie das Buch einmal durch und wenden Sie dabei alle in diesem *TaschenGuide* vorgestellten Techniken an. Schreiben Sie während des Lesens nichts auf, markieren Sie auch keine Passagen. Das stört nur Ihre Konzentration. Machen Sie sich lieber ein Bild vom Inhalt des Textes.

3. Wissen aktivieren

Viele Anfänger im Schnelllesen glauben, nicht viel über den gelesenen Text zu wissen. Aktivieren Sie daher nach dem Lesen die Informationen. Das gibt Sicherheit und erhöht die Merkfähigkeit. In unseren Seminaren machen wir dazu folgende Übung. Die Teilnehmer haben 30 Minuten Zeit, einen kompletten *TaschenGuide* zu lesen. Das entspricht einer Lesegeschwindigkeit von etwa 750 WpM. Die Teilnehmer haben nach dem Lesen das Gefühl, sich das Buch „nur mal angeschaut zu haben", aber nicht wirklich etwas über den Inhalt zu wissen. Um das Wissen zu aktivieren, arbeiten wir nun mit der Mind-Map-Technik.

Zeichnen Sie Landkarten Ihres Wissens

Legen Sie sich für Ihre Mind-Maps oder „Gehirnlandkarten" eine DIN-A4-Seite im Querformat und einige verschiedenfarbige Stifte bereit. Schreiben Sie in die Mitte des Blattes das Thema, Sie können es auch als Grafik oder als Symbol darstellen. Im ersten Schritt zeichnen Sie von der Mitte aus den ersten großen Ast, an dessen Ende ein wichtiger Aspekt des gelesenen Textes steht. Dann zeichnen Sie an diesen Ast kleine Nebenäste. Notieren Sie hier alles, was Ihnen zum Oberthema einfällt.

Benutzen Sie verschiedene Farben, kleine Symbole oder Bildchen, wann immer es möglich ist. Das aktiviert Ihre rechte Gehirnhälfte und sorgt für eine erheblich bessere Merkfähigkeit. Denken Sie nicht verkrampft nach, wenn Ihnen nichts mehr einfällt. Nehmen Sie einfach den nächsten Themenblock aus dem Inhaltsverzeichnis. Sie werden merken, dass Ihnen plötzlich, wenn Sie schon beim dritten oder vierten Themenblock sind, noch etwas zum ersten oder zweiten Themenblock einfällt. Ergänzen Sie es dann sofort. So nutzen Sie die Vorteile dieser Assoziationstechnik am effektivsten.

Nach dieser Übung werden Sie überrascht sein, wie viel Sie über das Thema wissen. Und wenn Sie mit Hilfe Ihrer Mind-Map feststellen, dass Sie in einem Themenblock noch Defizite haben? Kein Problem. Was spricht dagegen, noch einmal in das entsprechende Kapitel einzusteigen? Ein weiterer Vorteil der Mind-Map ist, dass Sie sie als persönliche Zusammenfassung in das Buch einlegen können. Wenn es nach Jahren wieder in die Hände fällt, haben Sie alle wichtigen Informationen auf einen Blick.

Der Abschlusstest

Lesen Sie den Text auf den nächsten Seiten so schnell wie möglich. Vertrauen Sie darauf, dass Ihr Gehirn im Unterbewusstsein viel mehr Informationen speichert, als Sie glauben. Beantworten Sie direkt nach dem Lesen die Fragen zum Inhalt des Textes. Damit testen Sie Ihr Textverständnis und Ihre Merkfähigkeit.

Wichtige Hinweise

- Bitte lesen Sie den Text nur einmal!
- Kontrollieren Sie die Zeit ganz genau.
- Gehen Sie bei der Beantwortung der Fragen *nicht* zum Text zurück.

Nehmen Sie sich jetzt ein paar Minuten Zeit, um sich zu entspannen. Schließen Sie Ihre Augen und atmen Sie ganz bewusst und ruhig ein und aus. Entspannen Sie Ihre Nacken- und Schultermuskulatur und massieren Sie sich Ihr Gesicht (siehe Seite 68–70). Bringen Sie sich in einen wachen, aufmerksamen, aber entspannten Zustand.

Stellen Sie sich mit geschlossenen Augen vor, wie sich Ihr Blickfeld erweitert, wie Sie ganze Textblöcke mit einem Blick aufnehmen. Es wird Ihnen jetzt ganz leicht fallen sehr schnell zu lesen, den Text zu verstehen und sehr viel zu behalten.

Starten Sie Ihre Stoppuhr und legen Sie los!

Der Text des Abschlusstests

Worauf es bei der Bildung des Teams ankommt

Jeder wünscht sich für sein Team natürlich „die Besten". Oft entscheidet zunächst die fachliche Qualifikation, wer am Projekt teilnimmt. Keine Frage, dass im Team bestimmte Fähigkeiten vertreten sein müssen. Technisches Know-how kann hier ebenso gefragt sein wie Organisationstalent, Analysefähigkeit, Softwarekenntnisse und anderes mehr.

Auch das persönliche Profil zählt

Neben den fachlichen und methodischen Fähigkeiten verlangt Projektarbeit in einem Team von den Mitarbeitern aber auch bestimmte persönliche Kompetenzen – die berühmte Teamfähigkeit ist gefragt. Nur, dass darunter auch recht unterschiedliche Sachen verstanden werden.

Teamfähigkeit bedeutet ...

- eine gute Mischung verschiedener Fähigkeiten: Entscheidungen treffen und kreative Lösungen finden können, neben fachlichen und funktionellen Sachkenntnissen auch über kommunikative und soziale Stärken verfügen;

- die Bereitschaft, sich in das Team einzugliedern, aufgabenorientiert zu handeln, sich für die gemeinsame Sache einzusetzen, kurz: mit anderen an einem Strang zu ziehen;
- wechselseitig Verantwortung zu übernehmen nach dem Motto: „Was uns betrifft, betrifft auch mich."

Auf die gelungene Mischung kommt es an

Wenn Sie das Team formieren, achten Sie aber nicht nur darauf, möglichst qualifizierte und teamfähige Mitarbeiter zu gewinnen. Auch die richtige Zusammensetzung der Gruppe ist ein wichtiger Erfolgsfaktor. Hierbei gilt es, die persönlichen Fähigkeiten jedes Einzelnen zu berücksichtigen und gleichzeitig eine ideale Mischung zu erreichen. Ein völlig harmonisches Team muss dabei nicht zwangsweise die beste Lösung sein. Denken Sie daran, dass in einem Team immer auch unterschiedliche Rollen zu besetzen sind.

Die Zusammenstellung sollten Sie abhängig vom Ziel Ihrer Aufgabe machen:

- Bei klaren Zielen und für eine schnelle Umsetzung eignet sich ein harmonisches Team, bei dem sich einer auf den anderen verlassen kann.
- Wollen Sie neue, kreative Ergebnisse, kann eine Mischung aus unterschiedlichen Persönlichkeiten

durchaus gewinnbringend sein. Kontroversen können, solange sie sachlich ausgetragen werden, zu unkonventionellen Lösungen führen und das Team als Ganzes weiterbringen.

- Andererseits können Sie aber auch bestimmte, unerwünschte Konfliktquellen von vornherein ausschließen, etwa indem Sie vermeiden, dass zwei Mitarbeiter zusammenkommen, die eine starke persönliche Abneigung gegeneinander hegen oder in Konkurrenzkampf miteinander liegen.

Wer soll das Projekt leiten?

Für die Projektleitung kommen meist mehrere Personen aus dem Unternehmen in Betracht, z. B. eine Führungsperson aus einer höheren Managementebene, ein Mitarbeiter aus dem auftraggebenden Fachbereich oder auch ein externer Berater.

Daneben bestehen auch folgende Möglichkeiten der Leitungsdelegation, die sich in der Praxis aber nur bedingt als geeignet erwiesen haben:

- Das Projektteam organisiert sich selbst.
- Es werden phasenspezifische Projektleiter ernannt.
- Es wird ein Projektleiterteam gebildet.
- Es wird ein „Feierabendprojektleiter“ ernannt.

Wir brauchen einen Superstar

An Projektleiter werden in der Regel recht hohe Anforderungen gestellt. Sie sollen nicht nur wirtschaftlich denken können, durchsetzungsfähig, flexibel, souverän, handlungsorientiert, dynamisch, entscheidungsfreudig, selbstbewusst, selbstkritisch und hochintelligent sein und damit Topmanagerqualitäten aufweisen, sondern auch noch auf möglichst vielen Gebieten glänzen.

Wenn Sie Generalist und dabei auch Systematiker, Superplaner und gleichzeitig Praktiker, Organisator und trotzdem ein kreativer Kopf sind, als Vermittler gerne zwischen allen Stühlen sitzen, Härte zeigen und doch mit psychologischem Einfühlungsvermögen persönliche Konflikte lösen können, es lieben, Krisen zu managen und „die Karre aus dem Dreck zu ziehen“ und am besten auch noch Hellseher mit dem totalen Durchblick sind - dann müssten Sie in der Projektleitung Ihre Bestimmung gefunden haben. Sie merken schon, als Projektleiter sollten Sie eine ganz besondere Führungspersönlichkeit verkörpern. Was auf keinen Fall für eine Besetzung ausreicht, sind rein fachliche Qualifikationen.

Auf diese Qualifikationen kommt es an

Unzweifelbar sind neben Managerqualifikationen auch gute Menschenkenntnisse gefragt:

- Der Projektleiter sollte neben den üblichen Führungsqualitäten einen kooperativen Arbeitsstil besitzen.
- Er muss Menschen einschätzen, anleiten, integrieren, fördern, motivieren und fortbilden können.
- Um innovative Leistungen zu erbringen, braucht er selbst nicht nur eine gehörige Portion Phantasie und Kreativität, sondern muss auch kreatives Denken zulassen und entsprechende Techniken vermitteln können.
- Um das Projekt – auch unternehmensintern – zu vertreten, sollte er über viel Motivation und Durchsetzungsvermögen verfügen, aber auch diplomatisch geschickt agieren können und nicht in Konkurrenzmustern denken.

Nach Einschätzung vieler Projektleiter ist die Fähigkeit, sein eigenes Projekt durchboxen zu können, sogar ausschlaggebend für den Erfolg des Vorhabens. Es kann durchaus vorkommen, dass Sie, um Ihr Projekt voranzutreiben, auf der einen Seite das Team ständig motivieren, gleichzeitig aber auch verantwortliche Leitstellen des Unternehmens von Ihren Plänen, Ihrer Arbeit und Ihren Ergebnissen überzeugen müssen – das bedeutet, Sie haben eventuell nicht nur interne, sondern auch projektexterne Hindernisse zu überwinden.

Quelle: TaschenGuide Projektmanagement

Bitte notieren Sie hier Ihre Lesezeit in Sekunden: ________

Was haben Sie sich gemerkt?

Frage 1

Welche der folgenden Aussagen treffen zu?

- ❒ Ein völlig harmonisches Team ist die ideale Kombination.
- ❒ Im Team sind immer unterschiedliche Rollen zu besetzen.
- ❒ Die ideale Zusammenstellung des Teams ist unabhängig von dem Ziel einer Aufgabe.
- ❒ Die Zusammenstellung sollten Sie abhängig vom Ziel Ihrer Aufgabe machen.

Frage 2

Teamfähigkeit bedeutet ...

- ❒ eine gute Mischung verschiedener Fähigkeiten
- ❒ die Bereitschaft, mit anderen an einem Strang zu ziehen
- ❒ sich nur für den Bereich verantwortlich zu fühlen, der auch von einem selbst bearbeitet wird, um Kompetenzkonflikten vorzubeugen.

Frage 3

Für welche Ziele von Projekten kann eine Mischung unterschiedlicher Persönlichkeiten gewinnbringend sein?

- ❒ klare Ziele, die schnell umgesetzt werden müssen
- ❒ Projekte, bei denen es vor allem auf neue und kreative Ergebnisse ankommt

- ❒ Projekte, die vor allem steuernden Charakter haben und ohne klare Ziele auskommen

Frage 4

Welche Eigenschaften sollte ein Projektleiter haben?

- ❒ Vor allem rein fachliche Qualifikationen sind wichtig.
- ❒ Der Projektleiter sollte eine ganz besondere Führungspersönlichkeit verkörpern.

Frage 5

Was ist für den erfolgreichen Projektleiter besonders wichtig?

- ❒ Führungsqualitäten und ein kooperativer Arbeitsstil
- ❒ Geschick in der Argumentation, insbesondere wenn er eigentlich im Unrecht ist
- ❒ Fähigkeit, Menschen einschätzen zu können
- ❒ Ein besonders ausgeprägtes Harmoniebedürfnis, um innerhalb und außerhalb des Projektteams möglichst wenig Konflikte aufkommen zu lassen

Die richtigen Antworten zum Abschlusstest

Notieren Sie bitte in der Spalte rechts für jede richtige Antwort einen Punkt!

Frage 1 — Punkte

✓ Im Team sind immer auch unterschiedliche Rollen zu besetzen. ______

✓ Die Zusammenstellung sollten Sie abhängig vom Ziel Ihrer Aufgabe machen. ______

Frage 2

✓ eine gute Mischung verschiedener Fähigkeiten ______
✓ die Bereitschaft, mit anderen an einem Strang zu ziehen ______

Frage 3

✓ Projekte, in denen es auf neue, kreative Ergebnisse ankommt ______

Frage 4

✓ Der Projektleiter sollte eine ganz besondere Führungspersönlichkeit verkörpern. ______

Frage 5

✓ Führungsqualitäten und ein kooperativer Arbeitsstil ______
✓ Fähigkeit, Menschen einzuschätzen ______

Gesamtpunktzahl (maximal acht Punkte) ______

Wie viele Punkte haben Sie erreicht?

❒ 1 entspricht 12,5 %
❒ 2 entspricht 25,0 %
❒ 3 entspricht 37,5 %
❒ 4 entspricht 50,0 %
❒ 5 entspricht 62,5 %
❒ 6 entspricht 75,0 %
❒ 7 entspricht 87,5 %
❒ 8 entspricht 100 %

Ermitteln Sie die Steigerung Ihrer Lesegeschwindigkeit

1. Schritt:

Teilen Sie die Anzahl der Wörter des Textes durch die benötigte Lesezeit in Sekunden. Dieses Ergebnis multiplizieren Sie dann mit 60.

Formel:

714 Wörter : _____ Sekunden = _____ Wörter / Sekunde

_____ Wörter / Sekunde × 60 Sekunden = _____ Wörter / Minute

Ihr Ergebnis: _____ Wörter pro Minute (WpM)

Tragen Sie die Ergebnisse des ersten und des Abschlusstests hier ein:

Ihr Ergebnis im 1. Test (S. 23): ______ WpM
Ihr Ergebnis in diesem Abschlusstest: ______ WpM

2. Schritt:

Teilen Sie das Ergebnis im Abschlusstest durch das des 1. Tests:

Abschlusstest: ______ WpM : 1. Test ______ WpM = ______

3. Schritt:

Ziehen Sie von diesem Ergebnis 1 ab: ______ – 1 = ______

4. Schritt:

Multiplizieren Sie das Ergebnis mit 100:

______ × 100 = ______

Dieser Wert entspricht der Steigerung Ihrer Lesegeschwindigkeit in Prozent im Verlauf des gesamten Trainingsprogramms!

Ihre ganz persönliche Lernbilanz

Tragen Sie in die folgende Tabelle alle Ergebnisse der Lesetests ein. So können Sie am besten beurteilen, wie erfolgreich Sie gearbeitet haben.

Ergebnis der Lesetests	**Lesegeschwindigkeit**	**Merkfähigkeit**
Ergebnis des 1. Lesetests (siehe Seite 23)		
Ergebnis des 2. Lesetests (siehe Seite 40)		
Ergebnis des 3. Lesetests (siehe Seite 85)		
Ergebnis des Abschlusstests (siehe Seite 122)		
Steigerung der Lesegeschwindigkeit im gesamten Trainingsprogramm (siehe oben)		

Üben Sie im Alltag

Nutzen Sie von heute an jede Gelegenheit, um Ihre Lesetechnik kontinuierlich zu verbessern! Sie können auch die einzelnen Lesetechniken isoliert üben.

Sollten Sie häufig das Gefühl haben, nichts über den Text zu wissen, schlagen wir Ihnen einen kleinen Wettbewerb vor: Nehmen Sie mit einem Freund oder einem Kollegen eine Zeitung. Jeder von Ihnen hat fünfzehn Minuten Zeit, die Zeitung zu lesen. Danach unterhalten Sie sich und stellen fest, wer von Ihnen mehr behalten hat. Im Gespräch werden Sie feststellen, dass Sie wesentlich mehr aufgenommen haben, als Ihnen zunächst bewusst war. Und nicht vergessen: Übung macht den Meister!

Plädoyer für genussvolles Lesen

Es ist ein großer Unterschied, ob ich lese zu Genuss und Belebung oder zu Erkenntnis und Belehrung.

Johann Wolfgang von Goethe

Bereits Goethe hat also zwei Arten des Lesens unterschieden: das genussvolle Lesen und das Lesen, um Informationen aufzunehmen und zu behalten. Natürlich gibt es – je nach persönlichen Vorlieben – auch Mischformen.

Beim genussvollen Lesen nehmen Sie sich viel Zeit. Sie lassen sich den Klang einzelner Wörter, Sätze oder Passagen auf der Zunge zergehen. Sie genießen die Entspannung und lesen manche Sätze mehrfach, weil Sie sich über gelungene Formulierungen oder interessante Erkenntnisse freuen.

Ganz anders beim Lesen zur Informationsaufnahme. Da wollen Sie die für Ihr Leseziel relevanten Informationen möglichst schnell aus einem Text „herauslesen".

Wir haben Ihnen in diesem *TaschenGuide* Strategien und Techniken an die Hand gegeben, diese effektive Lesetechnik systematisch zu erlernen. Sie können je nach der Art Ihrer Lektüre davon mehr oder weniger Gebrauch machen. Auch nach diesem Trainingsprogramm können Sie einen Roman noch langsam und genussvoll lesen. Sie können aber auch auf „Turbo" schalten und die entscheidenden Informationen aus einem Text in kurzer Zeit herauslesen.

Leisten Sie sich den Luxus zwischendurch langsam zu lesen. Dies gilt vor allem für Ihre private Lektüre. Auch für die Autoren dieses Buches gibt es nichts Schöneres, als einen spannenden Roman Zeile für Zeile zu genießen. Am nächsten Tag lesen wir dann wieder wichtige Fachtexte mit Geschwindigkeiten bis zu 1 050 WpM.

Unser Vorschlag: Setzen Sie Ihre Lesetechnik zielorientiert ein – genussvolles, langsames Lesen zum Vergnügen und zielorientiertes, schnelles Lesen von Informationstexten mit den Methoden, die Sie in diesem Trainingsprogramm gelernt haben.

Stichwortverzeichnis

Gutschein für Seminare der Autoren

Sie möchten noch schneller lesen?

Wir, Holger Backwinkel und Peter Sturtz,
bieten Ihnen ein

Seminar
Schneller lesen
Zeit sparen und mehr behalten

und

20 Euro Ermäßigung
auf den regulären Preis
dieses Seminars!

Sie interessieren sich dafür?
Unter **www.schneller-lesen.com** erfahren Sie mehr darüber und können sich anmelden. Und vergessen Sie nicht, uns eine Kopie dieser Seite zu faxen!

Fax: 02 02 / 7 24 00 33